Heidemarie Kremer

Freiwillig unter dem Schleier

HERDER / SPEKTRUM

Band 4237

Das Buch

Freiwillig unter dem Schleier – unvorstellbar , so denken viele. Heidemarie Kremer hat sich auf das Wagnis eingelassen.
Am Anfang stehen Demütigungen und tiefe Wunden – aber auch Empörung über Vorurteile. Aber dies ist kein Bericht darüber, was es an Negativem mit sich bringt, einen Iraner zu lieben, seine Kultur kennenzulernen. Es ist die spannende, farbige und bewegende Aufzeichnung von den Reisen in eine andere Welt, vom Leben der Menschen im Iran, von einer tiefen Kultur, von aufregender Menschlichkeit – trotz der genauen Wahrnehmung der Schrecken einer fundamentalistischen Überwachung, trotz Krieg und Erdbeben. Ein Einblick in das Leben und die Gedanken der Frauen, die versteckt unter dem Schleier gehen. Ein sensibles, leidenschaftliches und informatives Buch, das Grenzen überwindet – geschrieben aus der Perspektive einer Frau.

Die Autorin

Heidemarie Kremer, Dr. med., ist 1963 in Schalkenmehren (Eifel) geboren. Bei Beginn ihres Medizinstudiums lernte sie ihren Mann kennen. Seit 1987 reiste sie mindestens einmal im Jahr in den Iran, um seine Familie dort zu besuchen. Sie lebt zur Zeit in Herdecke und bemüht sich darum, eine ganzheitlich orientierte Medizin zu praktizieren.

Heidemarie Kremer

Freiwillig unter dem Schleier

Als Deutsche im Iran

Herder
Freiburg · Basel · Wien

Aus Datenschutzgründen
wurden die Namen einzelner Orte und Personen geändert.
Übereinstimmungen mit anderen Personen sind deshalb rein zufällig.

Herstellung: Freiburger Graphische Betriebe 1993
Umschlaggestaltung: Joseph Pölzelbauer
Umschlagmotiv: Aus dem Privatbesitz der Autorin
ISBN 3-451-04237-1

Wer sich selbst und andre kennt
Wird auch hier erkennen:
Orient und Okzident
Sind nicht mehr zu trennen.
Sinnig zwischen beiden Welten
Sich zu wiegen, laß ich gelten;
Also zwischen Ost und Westen
Sich bewegen, sei's zum besten.

Johann Wolfgang von Goethe

Dieses Buch
widme ich meinem Mann
und den verborgenen Frauen
in uns

Inhalt

Einleitung

Dieses Buch ist entstanden aus den vielen Demütigungen, die wir als iranisch-deutsches Paar erfahren haben. Diese Wunden gingen so tief, daß ich lange nicht darüber schreiben konnte. Es war zu verletzend, an ihnen zu rühren.

Lange habe ich bitter schmeckende Tränen in mich hineingeschluckt, bis ich endlich diese Tränen losließ. Aus den Tränen wurde ein Lächeln, das diese Wunden heilte. Nachdem die Demütigungen verziehen waren, ging alles wie von selbst.

Unsere gemeinsamen Reisen in den Iran wurden möglich. Ich möchte nicht beschreiben, wie diese Aufenthalte möglich wurden, sondern wie ich sie aus meiner eigenen Vorgeschichte erlebt habe.

Mein Buch lächelt den Frauen zu, die ihre Freiheit unter dem Schleier schützen. Die Grenzen der eigenen Freiheit sind da, wo die Freiheit des anderen anfängt.

Wenn jeder einzelne diese Grenzen wahrt, dann brauchen wir keine Isolation, keine Unabhängigkeitsbewegungen, keinen Separatismus, keine Kämpfe und Kriege; dann entsteht die Einheit der Freiheit.

Die Frauen schweigen meist noch unter ihrem Schleier. In meinem Lächeln schimmert die Hoffnung, daß der Gesang des Schweigens der Hälfte der Menschen auf dieser Welt Gehör findet.

Dann brauchen wir keine Schleier.

1
Zu schwarzes Haar

Während der Kaffeepause in der Stationsküche der Klinik blickte Eleni interessiert auf meine Kette. Ich spürte ein Aufleuchten in den Augen der einfühlsamen Griechin, die zur Aufbesserung des Familieneinkommens als Putzfrau in der Klinik arbeitete. „Woher haben Sie diese Kette?", fragte sie mich neugierig. Zunächst wurde ich etwas verlegen. Ich wollte nicht gleich meine Beziehung nach Iran zu erkennen geben. „Es ist ein Hochzeitsgeschenk", erklärte ich. Ahnungslos hatte ich damit die Diskussion entzündet. Stationsschwester Sabine sah mich mit einer Mischung aus Erstaunen und Mitleid an. „Was, du bist verheiratet", räusperte sie sich. „Das hätte ich mir nie vorgestellt." Es paßte nicht in ihr Bild von einer emanzipierten Frau, daß ich als Medizinstudentin verheiratet war. Fast verschluckte sie sich an ihrem Brötchen.

Schon während der Visiten hatte ich bei einigen ihrer Bemerkungen das Gefühl, daß sie Männern gegenüber eher feindlich eingestellt war. Bei Sabine hatten die männlichen Mitarbeiter und Patienten manchmal einen harten Stand. Auch ihr ganzes Erscheinungsbild machte auf mich einen leicht verbitterten und unzufriedenen Eindruck. Ihre Schultern und ihre Mundwinkel hingen ebenso wie ihre ständig fettigen Haare einfach herab. Sie wirkte in ihrem Äußeren betont ungepflegt, auffallend unauffällig. Doch erinnerte sie mich an meine Teenagerzeit, in der ich versuchte, mich für Männer bewußt unattraktiv zu machen, was dann bekanntlicherweise meistens einen besonderen Reiz ausübt. Vielleicht wurde Sabine deshalb besonders gerne von männlichen Kollegen geneckt und war ständiger Konfrontation ausgesetzt. Genau wie ihre Mutter, um die sie sich zu jener Zeit sehr viele Sorgen machte, lebte sie alleine.

Mir schoß gerade der Gedanke durch den Kopf, daß sie als

„thirty-something", als eine im Iran lebende Frau in ihrem Alter Schwierigkeiten gehabt hätte, noch einen Mann zu finden. Aber daran schien ihr wohl nicht sonderlich gelegen zu sein."Tja, hast du denn nicht die Ehefessel an ihrer Hand gesehen", frotzelte Marion, die aufmerksame Krankenpflegeschülerin.

Eleni und ich sahen uns an und grinsten. Für uns war der Begriff Heirat nicht negativ besetzt. „Aus welchem Land stammt denn die Kette?" bohrte Eleni nach. Bestimmt hatte die Kette in ihr einige Erinnerungen wachgerufen. Sie hätte ebensogut aus ihrem Nachbarland Türkei stammen können.

Ich versuchte auszuweichen und wandte mich an Marion. „Warum setzt du eine Heirat sofort mit einer Fessel gleich?" Marion hob ihre Augenbrauen. „Die Männer heiraten doch nur, um die Frauen an sich zu binden. Damit wollen sie sie ihrer Freiheit berauben."

Diese Gedanken waren mir nicht fremd. In Marions Alter hatte ich immer herausposaunt, daß ich mir nie vorstellen könnte, zu heiraten, weil ich die Ehe als eine Institution ansah, die dem Partner einen Besitzanspruch lieferte. Doch auch Marion hatte bemerkt, daß Elenis Frage unbeantwortet geblieben war. „Woher kommt denn nun die Kette?", fragte sie.

Ich schwieg. Doch keiner ergriff das Wort und ich spürte, wie ihre Augen an mir haften blieben. „Aus dem Iran", druckste ich nach einer längeren Pause heraus. Sabine kombinierte sofort. „Also ist dein Mann Iraner." Ich nickte.

Nun schluckte Marion, und ich spürte ihren entsetzten Blick. „Was? Hast du denn nicht das Buch von Betty Mahmoody gelesen, ‚Nicht ohne meine Tochter'? Es ist darin doch alles so furchtbar geschildert. Gestern abend habe ich in diesem Buch gelesen und konnte dann die ganze Nacht nicht schlafen."

Bisher hatte ich nichts davon gehört. „Wovon handelt die Geschichte?"

„Es ist der authentische Bericht einer Amerikanerin, die auch mit einem Iraner verheiratet war, der lange Zeit als Arzt in den USA gearbeitet hatte", erklärte Marion. „Sie ließ sich von ihrem Mann zu einem kurzen Familienbesuch im Iran überreden, um auch ihre Tochter vorzustellen. Doch anstatt wie geplant wieder zurückzukehren, wurden beide mit Gewalt dort festgehalten. Ihr Mann hatte sich in seiner Heimat so sehr verändert, daß sie ihn nicht mehr wiedererkannte. Als sie versuchte auszureisen, erfuhr sie, daß sie das Land nur ohne ihre Tochter verlassen durfte, denn das Kind gehörte nach islamischem Recht dem Vater. Da sie ihr Kind aber nicht allein zurücklassen wollte, erlitt sie furchtbare Qualen. Sie wurde geschlagen und in einem Zimmer eingesperrt. Schließlich floh sie unter lebensbedrohlichen Bedingungen gemeinsam mit ihrer kleinen Tochter über die illegale Grenze, über die Berge, in die Türkei."

In Marions Stimme klang ein mahnender Ton. „Hast du denn keine Angst vor so etwas? Was würdest du in einer solchen Situation tun? Damit mußt du doch wohl rechnen. Ich habe schon so viele Berichte von Ehen mit ausländischen Männern gelesen, die die Kinder von der Mutter entführt haben."

Wahr ist, daß nach islamischem Familienrecht bei einer Trennung gewöhnlich der Vater das Sorgerecht für die Kinder erhält. Es war nicht das erste Mal, daß ich auf dieses Problem angesprochen wurde. Noch bevor ich überhaupt verheiratet waren, wurden mir diesbezüglich schon viele gutgemeinte Warnungen unterbreitet.

Dadurch war ich inzwischen an die skeptischen Vorbehalte gewöhnt, die mir bei diesem Thema allgemein entgegengebracht wurden. Doch dieses Buch schien ganz besonders packend und eindrucksvoll mit den Ängsten, die dieses Thema hervorrief, zu spielen. Marion empfahl es als ein absolutes Muß, gerade in meinem Fall. „Wenn man dieses Buch einmal angefangen hat, kann man es einfach nicht mehr aus der Hand legen."

Schon wieder eines dieser Bücher, die genau in diese Kerbe schlagen und dem Leser wieder einmal genau solche Situationen schildern, die er über das Leben im Iran hören möchte, verpackt in eine spannende, ergreifende Unterhaltungslektüre. In diesem Moment nahm ich mir vor, dieses Buch nicht zu lesen.

Noch nie wurde ich von Außenstehenden auf Bücher oder Beispiele angesprochen, die positiv über eine Verbindung zwischen Partnern aus zwei verschiedenen Kulturkreisen berichten. Vielleicht existiert diese Literatur nicht, oder sie ist nicht spannend genug. Sehr oft erntete ich skeptische Blicke, gutgemeinte Warnungen, auch Bewunderung, wie ich mich auf solche „Risiken" einlassen könnte. Besonders in Deutschland rief die Tatsache, daß ich mit einem Iraner verheiratet bin, die Assoziation von Problemen und traurigen Einzelschicksalen hervor. Schon oft habe ich mich gefragt, worin diese Vorstellung verankert liegt.

Ein paar Tage später sollte mein Mann Bahman in Soziologie in einem Seminar ein Referat über die aktuelle Rolle der Frau im Iran halten. „Kannst du mir helfen, Literatur zu diesem Thema zu finden?" bat er mich. Beim Gang durch eine größere akademische Buchhandlung entdeckte ich unter der Sparte „Iran", in einer Ecke versteckt, nur einige Werke von Bahman Nirumand, neben einem Band interessanter Erzählungen über Frauen in Persien, der mir schon bekannt war. Im Mittelgang, gleich neben der Treppe, stolperte ich über Betty Mahmoodys Buch, das zu einem überdimensionalen Berg aufgestapelt war.

Dieses Buch schien der Renner zu sein. Ich sah gerade eine Frau, die gezielt nach einem Exemplar griff und zur Kasse verschwand. Etwas ratlos blickte ich auf das magere Angebot unter dem Thema „Iran". Schließlich gab ich mir einen Ruck und wandte mich dem Bücherberg zu. Wahllos schlug ich irgendwo ein Exemplar auf. Beschrieben wurde eine Szene, in der ein Taxifahrer der Frau neben ihm an die Oberschenkel langte, noch dazu in Gegenwart einer anderen Frau. Empört klappte ich das Buch zu und legte es zurück.

Die dort beschriebene Situation wäre im Iran einfach undenkbar gewesen, denn in der Öffentlichkeit wagt es kaum ein Mann, eine fremde Frau in ein Gespräch zu verwickeln. Die islamische Republik hatte im ganzen Land ihre Revolutionswächter, genannt „Pasdaran", eingestellt, deren Aufgabe es war, an jeder Ecke aufzupassen, daß die islamischen Regeln und Gesetze in allen Bereichen eingehalten wurden. Auch wenn ich den äußeren Zwang durch die strengen Kontrollen und Überwachung der Pasdaran nicht als die geeignete Methode erachte, das Problem der Vergewaltigung von Frauen zu lösen, fühlte ich mich im Iran als Frau vor Übergriffen und Vergewaltigung so sicher, wie nie in einem anderen Land zuvor. Ich kann mir kaum vorstellen, daß ein Taxifahrer im Beisein von Zeugen so etwas wagte, weil er damit sein Leben aufs Spiel setzten würde.

Schon drängten sich die nächsten Kundinnen um diesen Tisch, auf dem die Bücher werbewirksam aufgebaut waren.

Verärgert nahm ich das Interesse an diesem Buch wahr, in welchem mir schon auf der ersten, zufällig herausgegriffenen Seite solche unglaublichen Schilderungen ins Auge stachen. Hier wurden also die Vorurteile geschürt, die ich im Alltag zu spüren bekam.

Hilfesuchend wandte ich mich an eine Buchhändlerin, in der Hoffnung auf Literatur zu stoßen, die diesem Kassenrenner etwas entgegensetzte. „Haben Sie Sachliteratur über Frauen im Iran?" Zielstrebig führte sie mich zu dem Podest mit Betty Mahmoodys Buch. „Das Buch ist nicht so ganz das, was ich suche. Ich benötige eine sachliche Darstellung zu diesem Thema für ein Referat und nicht den Bericht eines Einzelschicksals." Sogleich begann sie, für dieses Buch zu werben. „Ich selbst habe dieses Buch gelesen und kann es Ihnen unbedingt empfehlen. Es ist ein Erfahrungsbericht und enthält viele Informationen über das Leben der Frauen im Iran."

Ich spürte, daß ich selbst in einer akademischen Buchhandlung nur wenig Glück haben würde, sachliche Information zu finden. Deshalb wollte ich mich auch nicht auf weitere Diskussionen mit der Buchhändlerin einlassen. Nachdem sie mich auf das halbleere Regal unter der Rubrik Iran verwiesen hatte, nahm ich dennoch einen letzten Anlauf und ließ mir von ihr das Literaturverzeichnis zu diesem Thema zeigen. Leider konnte ich keine zusätzlichen aktuellen Vermerke entdecken. Mit leeren Händen verließ ich den Buchladen. Ich wollte mich nicht durch das fehlende Angebot an sachgerechter Literatur dazu verleiten lassen, ausgerechnet nun dieses Buch zu unterstützen. Bestimmte hier nun das Angebot die Nachfrage oder umgekehrt?

Ein Jahr später, in einer Londoner U-Bahn saß ich einer blassen, blondhaarigen Engländerin gegenüber, die wie gefesselt mit grimmiger Miene in ein Buch vertieft war. An ihrem Ziel angekommen konnte sie sich anscheinend nicht vom Inhalt dieses Buches trennen und stieg lesend über das Trittbrett, während die monotone Stimme des Lautsprechers ertönte: „Mind the gap".

Sie wirkte wie eine Traumtänzerin, während sie ganz in das Buch versunken, wie blind über die Lücke zwischen Tür und Bahnsteig hinwegschritt. Als ihr Fuß plötzlich ins Leere trat, schien sie auf den Boden zurückzukehren, zuckte vor Schreck zusammen und schlug dabei das Buch zu. Ich konnte den Titel erkennen, „Not without my daughter".

Nun gut, solche Szenen hatte ich auch schon bei Passanten beobachtet, die ihre Nase hinter der Londoner Abendzeitung verbargen. Doch irgendwie konnte ich mir das Schmunzeln nur schwer verkneifen.

Allgemein war dieses Buch in England jedoch kein Thema und ich wurde nie daraufhin angesprochen, was ich nicht nur als eine Bestätigung des Klischees der englischen Zurückhaltung deuten möchte. Obwohl dieses Buch ursprünglich in englischer Sprache geschrieben wurde, schien es im angloamerikanischen Raum weit weniger Leser anzusprechen. Oft hat mich die Frage beschäftigt, warum dieses Buch gerade in Deutschland zum Bestseller wurde.

Nachdem ich einige Zeit in England lebte, gelang es mir, Abstand zu gewinnen von meiner eigenen inneren Rebellion gegen dieses Buch und las es schließlich doch. Seitdem hatte mich als Deutsche die Auseinandersetzung mit den Reaktionen auf dieses Buch beschäftigt und nach meiner Rückkehr nach Deutschland fühlte ich mich dazu angetrieben, nicht mehr zu diesem Thema zu schweigen. Zu meiner angenehmen Überraschung stellte ich fest, daß viele kulturelle Organisationen inzwischen versuchten, Brücken zu bauen zwischen islamischer und westlicher Kultur. Auch beim Gang durch deutsche Buchläden fand ich nun vielfältige Literatur zu diesem Thema.

Inzwischen habe ich lange Rückblick gehalten, wie sich meine Beziehung zur iranischen Kultur entwickelte.

Vielleicht waren meine Kindheitsträume aus den „Geschichten aus Tausendundeiner Nacht" ein Stück Wirklichkeit geworden.

Ich kann mich noch an meine ersten Leseerlebnisse und Erzählungen aus dem Orient erinnern; diese spannenden Geschichten von Prinzen, die lange nach der passenden Prinzessin aus dem fernen Königreich suchten, vielen Qualen und Mutproben standhielten und den Prinzessinnen, die lange Geduld aufbringen mußten, bis sie einander fanden und zusammensein konnten.

Meine Phantasie verlieh den Miniaturbildern in meinem Märchenbuch Leben. Als Kind habe ich meine nächtlichen Träume sehr häufig im Orient verbracht.

Aufgewachsen in einem kleinen Eifeldorf, war ich sonst nur wenig Einflüssen von fremden Kulturen ausgesetzt. Allerdings kommt es dabei etwas auf den Blickwinkel an, denn in meiner katholischen Umgebung galt schon jemand, der evangelisch war, als ein Fremder.

Geschärft wurde mein Bewußtsein für rassistische Haltungen, als im Geschichtsunterricht die Themen Judenverfolgung und Nationalsozialismus besprochen wurden,

In der Schule las ich die „Kalendergeschichten" von Bertolt Brecht ohne zu ahnen, daß eine seiner Balladen mein eigenes Lied sang:

Ballade von der Judenhure Marie Sanders

1

In Nürnberg machten sie ein Gesetz,
Darüber weinte manches Weib, das
Mit dem falschen Mann im Bett lag.
Das Fleisch schlägt auf in den Vorstädten,
Die Trommeln schlagen mit Macht,
Gott im Himmel, wenn sie etwas vorhätten,
Wäre es heute nacht.

2

Marie Sanders, dein Geliebter
Hat zu schwarzes Haar.
Besser, du bist heute zu ihm nicht mehr

Wie du zu ihm gestern warst.
Das Fleisch schlägt auf in den Vorstädten,
Die Trommeln schlagen mit Macht,
Gott im Himmel, wenn sie etwas vorhätten,
Wäre es heute nacht.

3

Mutter, gib mir den Schlüssel,
Es ist alles halb so schlimm.
Der Mond sieht aus wie immer.
Das Fleisch schlägt auf in den Vorstädten,
Die Trommeln schlagen mit Macht,
Gott im Himmel, wenn sie etwas vorhätten,
Wäre es heute nacht.

4

Eines Morgens, früh um neun Uhr,
Fuhr sie durch die Stadt
Im Hemd, um den Hals ein Schild,
Das Haar geschoren.
Die Gasse johlte. Sie
blickte kalt.
Das Fleisch schlägt auf in den Vorstädten,
Der Streicher spricht heute nacht.
Großer Gott, wenn sie ein Ohr hätten,
Wüßten sie, was man mit ihnen macht. [1]

Während ich in der Schule von den Judenprogromen und dem Verbot der Ehe mit Juden während des Nationalsozialismus erfuhr, fiel mir ein aktuelles Programm einer rechtsextremistischen Jugendgruppe in die Hände, die für das Verbot von Ehen zwischen Deutschen und Nichteuropäern plädierte, zwecks „Reinhaltung der Rasse".

---

[1] Bertolt Brecht, Kalendergeschichten, Frankfurt 1976, S. 19.

Damals ahnte ich noch nicht, daß diese Probleme später auf mich selbst zukommen würden.
Doch schon als ich Bahman kennenlernte, bemerkte ich, wie einzelne meiner Kommilitonen mich zu meiden begannen. Als wir nach einiger Zeit zusammenzogen, entstand ein großer Eklat in meiner Familie. Meine Mutter schämte sich vor der Verwandtschaft und den Dorfbewohnern, da Bahmans Äußeres unverkennbar seine orientalische Herkunft verriet. Im Stillen hoffte meine Familie, daß diese Beziehung nicht dauerhaft sei. Sie fürchteten die Schwierigkeiten, die sie auf mich zukommen sahen. Mit allen Mitteln versuchte man, uns auseinanderzubringen. Ein Teil von ihnen schnitt sogar jeglichen Kontakt zu mir ab, da ich die Familienehre verletzt hatte. Fortan war Bahmans iranische Herkunft schuld, daß die Familie nicht mehr geschlossen zusammenkommen konnte.

Während meine Familie sich unsere Trennung wünschte und Bahman ablehnte, sehnte sich Bahmans Familie im Iran danach, uns kennenzulernen. Bahman und ich lebten drei Jahre zusammen, ohne daß mir die Gelegenheit gegeben war, seine Familie zu sehen. Als Deutsche hätte ich nicht ohne weiteres mit ihm in den Iran reisen können. Nur als seine Ehefrau wäre es mir möglich gewesen, mit ihm seine Familie zu besuchen.

Als Bahman und ich uns entschlossen, zu heiraten, stellten sich uns viele Gesetze und Schwierigkeiten in den Weg. Anfangs schien es unmöglich, daß wir eine Ehe schließen konnten, die nach deutschem und iranischem Recht anerkannt wurde. Aber wir fanden einen Weg über die Mauern hinweg und bauten eine Brücke.

Nur die kalten Blicke auf Bahmans schwarzes Haar blieben. Ob sie sich ändern, wenn sein Kopf kahl und grau wird?

2

Offene Grenze nicht ohne Schleier

Erst durch meinen Entschluß zum Brautschleier öffnete sich für mich die Grenze zum Iran. Die doppelte Panzerglastür des iranischen Konsulates öffnete sich nur, weil ich die islamische Kleidervorschrift beachtet hatte. Der iranische Paß, welcher mir nach unserer Ehe im Konsulat ausgehändigt wurde, verlangte von mir, die islamischen Gesetze zu akzeptieren.

Vor unserer Abreise nach dem Iran machte ich mir einige Gedanken um die geeignete Kleidung. Auf der Suche nach einem passenden Mantel stöberte ich durch sämtliche Kaufhäuser der Stadt. Schwarz sollte er sein, denn bisher hatte ich im Fernsehen alle iranischen Frauen in Schwarz gekleidet gesehen. In der Fußgängerzone waren meine Blicke seit Tagen auf die Mäntel der Frauen gerichtet, die ein Kopftuch trugen. Mehrmals probierte ich ähnliche Modelle an und fühlte mich jedesmal wie in einen Sack gehüllt. Aus dem bisher neutralen Kleidungsstück Mantel wurde für mich eine Kostümierung, die mich in ein graues Unikum verwandelte. Schließlich ließ ich ganz ab von den unförmigen Umhängern und suchte nach einem Mantel, der zu mir paßte. Sogleich fiel meine Wahl auf einen knöchellangen, weiten, schwarzen Mantel, der wie ein langer Blazer geschnitten war, hinten nur mit einer kleinen Passe, aber ohne Gürtel. Ich fühlte mich sofort wohl in dem leichten Baumwollstoff, obwohl er weitaus eleganter und weiblicher war, als ich es zu tragen gewohnt war.

Als ich meinem Mann Bahman den Mantel am Abend zeigte, hatte er Bedenken, weil der Kragen nicht bis zum Halsausschnitt zuzuknöpfen war. Aber eine iranische Freundin, die regelmäßig in ihre Heimat fuhr, meinte, dieser Mantel sei genau richtig. Damit waren wir beide beruhigt, das Problem der Kleiderfrage gelöst zu haben.

Schwieriger erwies sich vielmehr das Aussuchen der Geschenke für jedes Familienmitglied. So sehr ich auch überlegte, fiel mir nichts Geeignetes ein. Ich wollte etwas für unsere Kultur Typisches mitbringen, handgearbeitete Waren. Doch Bahman lehnte meine Vorschläge meist mit der Begründung ab, daß es eine reiche Tradition für handgearbeitete Dinge gäbe und sie dort nicht so sehr wertgeschätzt würden. Woran es mangelte, das waren industrielle unpersönliche Massenprodukte, die nicht einer spezifischen Kultur zugehörten. Schließlich verließ ich mich ganz auf Bahman, und er stellte eine Liste auf. Aber wir debattierten noch öfter über die einzelnen Mitbringsel.

„Schokolade ist doch nur schlecht für die Zähne der Kinder." Bahman winkte ab und packte kiloweise Schokolade und Bonbons in den Einkaufswagen. „Ach was, im Iran essen die Kinder sowieso kaum Süßigkeiten. Zucker ist dort knapp."

„Bahman, diese Spraydosen enthalten FCKW. Nimm doch eine andere Sorte." Doch Bahman verzichtete auf den Umweltschutz. „Im Iran hat sowieso noch keiner was von FCKW gehört. Ihnen kommt es auf die bekannte Marke an."

In den Wochen vor unserer Abreise häuften sich so viele kleine Geschenke an, daß wir Koffer und Taschen von Freunden ausleihen mußten. Immer noch quälten mich Bedenken, solch einen in meinen Augen minderwertigen Plunder nach Iran mitzubringen. Dennoch begann ich, die vielen kleinen Artikel fein säuberlich zu ordnen, aufzutürmen und systematisch in die vielen Taschen zu packen. Nachdem ich alles sorgfältig verstaut hatte, führte ich Bahman zufrieden das Ergebnis vor.

Doch Bahman sah mich entsetzt an. „Willst Du die Sachen so packen? Das fällt doch sofort auf, wenn sie mehrere Spraydosen auf einmal finden. Es ist verboten, so viel mitzunehmen. Wir müssen das Zeug wild durcheinander in alle Taschen verteilen, sonst nehmen sie dir an der Kontrolle alles ab."

Mir war diese Logik nicht klar. „Auch wenn du die Sachen anders packst, änderst du doch nichts an der Menge." Bahman winkte ab und lächelte. „Laß mich nur machen."

Ich sah zu, wie er Spraydosen in Handtüchern versteckte, Seifenstücke in Hosentaschen stopfte, das neue T-Shirt aus dem Geschenkpapier riß und das Rasierwasser im Turnschuh unterbrachte. Ich schämte mich beim Gedanken daran, meine Taschen so vor der Einfuhrkontrolle öffnen zu müssen. Zum Schluß mußten wir uns beide auf den großen Koffer knien, der dabei fast aus den Nähten platzte.

Die Skepsis meiner Eltern dieser Reise gegenüber, ihre Angst, ihre Vorstellungen vom Iran als einem wilden, unzivilisierten Land, die von den Medien noch geschürt wurde, machten es mir an diesem Abend sehr schwer, mit ihnen zu reden, Abschied zu nehmen.

Am nächsten Morgen, dem ersten August 1987, standen wir dann am Mainzer Hauptbahnhof. Mich fröstelte leicht in der dünnen Kleidung, denn wir waren schon eingestellt auf die 45°C in Teheran, dic in der Zeitung gemeldet waren. Abschied von Deutschland für drei Monate.

Äußerlich unterschied uns nur die Anzahl unserer Taschen und Koffer von den übrigen Reisenden am Bahnsteig. Der lange, schwarze Baumwollmantel fiel nicht auf an diesem grauen, verregneten Sommertag.

Mein Kopftuch befand sich noch in der Handtasche, die Aufregung noch unter meiner Haut verborgen. Nur die lange Reihe von Gepäckstücken, die kaum von uns zweien zu schleppen waren, deutete auf ein fernes Reiseziel hin.

Ich erinnerte mich plötzlich an meine erste Interrail-Tour, während der ich ein Ehepaar am Hauptbahnhof in Athen belächelt hatte, wie sie schwitzend ihre Bagage in den Zug verfrachteten, wobei sie in einen heftigen Disput geraten waren. Damals lehnte ich mich bequem in meinem Sitz zurück, blickte auf meinen kleinen, leichten Rucksack und fragte mich, wie man sich so schwer bepacken konnte. Heute standen wir selbst unter dem Druck, in zwei Minuten unsere Last in die S-Bahn verfrachten zu müssen. Mir fiel dazu ein Vers des persischen Poeten Saadi aus dem „Rosengarten" ein; das

„Lied des leichtbeladenen Derwisches":

Der Esel weniger beladen
Geht gemächlicher auf den Pfaden[2]

Am Frankfurter Flughafen erkannte ich die Iranreisenden zunächst an den überhäuften Gepäckwagen, die sie eilig vor sich herschoben. Vor dem Counter der Iran-Air drängte sich die übliche lange Warteschlange. In diesem Gewühl entdeckten wir Homan, einen Bekannten von uns, der auch zufällig an diesem Tag in den Iran fuhr. Bei der Sitzplatzverteilung bemühte sich Bahman unauffällig, daß Homan nicht direkt auf den Platz neben, sondern hinter uns zu sitzen kam. Er hatte Angst, da er wußte, daß Homan oft unvorsichtig in der Öffentlichkeit vor sich herredete.

Ich fühlte mich erleichtert, nachdem endlich unsere ganze Traglast großzügig angenommen und eingecheckt war.

Befreit vom Gepäck packte Bahman die Unruhe. Aufgekratzt rannte er hin und her. In der Hektik des Abschieds gönnte er sich noch ein fast-food von Mac Donalds. Mein Magen war in diesem Moment nicht aufnahmebereit. Ich versuchte, mich innerlich auf die neuen Eindrücke einzustellen.

Noch sahen die Iranerinnen in meiner Umgebung westlich aus, das Kopftuch meist locker als Schal um den Hals geschlungen. Ich bemerkte, daß wir seit längerer Zeit von einer Frau beobachtet wurden. Schließlich kam sie neugierig auf mich zu. Sie sprach mich in gebrochenem Deutsch an. Wir führten ein Gespräch über Belanglosigkeiten wie Wetter und Kleidung.

Hinterher fragte mich Bahman gleich besorgt, ob ich nicht aus Versehen ein Wort fallengelassen habe, welches politisch hätte mißdeutet werden können.

Der freiwillige Gang in die Unfreiheit? Ich fand keine Worte für meine eigenen Gefühle.

Genau vor vier Monaten hatten Bahman und ich vor der Barriere zur Paßkontrolle, neben dem gleichen Sperrposten wie jetzt,

---

[2] Saadi, Persische Weisheiten in Nachdichtungen von Fritz Rückert, München 1980, S. 38.

zusammengestanden, um voneinander Abschied zu nehmen. Damals reiste Bahman alleine in den Iran. Mein Weg führte dagegen nach Amerika in Urlaub, weil sich die Ausstellung meines iranischen Paß während einer Phase der Verschlechterung der deutsch-iranischen Beziehungen unerwartet um einige Monate verzögert hatte.

Heute war diese politische Barriere endlich durchbrochen. Gemeinsam passierten wir diese Sperre zur Paßkontrolle. Von da an wurde der Schleier zum Zwang.

Ich war gespannt, ohne innere Vorstellung über das, was mich im nächsten Augenblick erwarten würde. Ich lebte dieses Gefühl des Ungewissen ganz aus. Der Sprung in eine andere Kultur, wie ein Sprung in ein Wasser von unbekannter Tiefe.

Schon vor der Paßkontrolle sprachen alle Menschen um mich herum nur noch persisch. Jetzt war ich die Ausländerin, das Rollenspiel hatte sich umgekehrt. Als Inhaberin zweier Nationalitäten war ich rein juristisch betrachtet im Iran keine Ausländerin. Bahman und ich sind zum Paradox geworden, zu familiären Fremden in beiden Ländern. Besser gesagt, ich war gerade auf dem Weg dazu.

In meinem Innern berührte mich diese Frage wenig. Gleich welche Nationalität mir offiziell zugeschrieben wurde, mein Ich kannte diese Grenzen nicht. Mit jeder meiner Reisen verinnerlichte ich ein Stück fremder Kultur, begegnete ich Menschen, die mir vertraut wurden und mir neue Facetten meines Selbst zeigten. Heimat, das war ursprünglich der Ort, an dem ich das Licht der Welt erblickte. Sie habe ich so verinnerlicht, daß sie keine Fessel ist, sondern mich überallhin begleitet. Ich konnte durch meine Reisen viele neue Orte in mir neu beheimaten, und heute bezeichne ich die Erde als meine Heimat und bin zu Hause in mir.

Doch in diesem Augenblick erschien ich mir äußerlich selbst fremd. Ich saß in einem feinen Kleid und eleganten schwarzen Mantel, die Haare unter einem großen, weißen Kopftuch versteckt, neben zwei deutschen Frauen mit Rucksack, in Birkenstock-Schuhen, indischen Pumphosen und dicken, handgestrickten Pullovern. Genau in dieser Aufmachung bin ich zuvor ebenfalls gereist. Völlig überzeugt war ich, daß mir jeder gleich ansehen könnte, wie außergewöhnlich meine Verhüllung für mich war. Ich wagte kaum, mit Bahman auf Deutsch zu sprechen, in der Vorstellung, damit sofort aufzufallen. Dabei fiel ich in diesem bunten, kosmopolitischen Gemisch in den Wartehallen natürlich überhaupt nicht auf. Am Gepäckschalter hatte mich eine Frau zuvor für eine Perserin mit gefärbten Haaren gehalten. Meine Maskerade tauchte in der Masse unter.

Keine fünf Minuten nach dem Einstieg ins Flugzeug begann das Kopftuch zu jucken. Ich rechnete mir vor, daß wir noch über fünf Stunden Flugzeit vor uns hatten. Die anderen Frauen sahen alle orientalisch aus und schienen mit dem Tragen der Kopfbedekkung vertraut zu sein. Selbst die Stewardessen waren verschleiert.

Viele iranische Männer hingegen waren in Jeans und T-Shirt gekleidet und schoben Wohlstandsbäuche vor sich her.

Zwei Stewardessen setzten sich uns gegenüber. Ich beobachtete, wie frei sie sich bewegten, ohne daß auch nur ein Haar unter ihrem Tuch hervorlugte, während ich alle paar Minuten mit der Hand über meine Stirn strich, um zu kontrollieren, ob sich nicht doch wieder einmal eine Strähne der auferlegten Ordnung entzogen hatte.

Bahman erklärte mir das Geheimnis ihrer gutsitzenden Kopfbedeckung. Sie trugen ein sogenanntes „Maghnaeh", ein großes Tuch, welches vorne zusammengenäht war. Es wurde über die Stirn gestülpt und hinten mit einem Gummizug zusammengehalten.

„Wenn du mit dem Kopftuch nicht zurechtkommst, lasse ich dir ein Maghnaeh besorgen. Das ist ganz einfach zu tragen." Dieser Ausblick tröstete mich ein wenig.

Um mich herum handelten die Gespräche von den Geschenken, die in den Iran eingeführt wurden. Ich dachte an den Inhalt unserer eigenen Taschen und schämte mich, was wir als Mitbringsel eingepackt hatten. Schokolade, Bonbons, Gummibärchen, Kakao, ein Videospiel, ungesunde Luxusgüter, unnötige Produkte einer Überflußgesellschaft. Manches brachte ich auch gerne mit, wie Kiwis und Bananen, weil die Einfuhr dieser Früchte nur begrenzt erlaubt war. Nicht nur in unseren Köpfen kreisten die Gedanken um die Ungewißheit, was und wieviel nun erlaubt und was verboten war. Denn die Einfuhrbestimmungen änderten sich ständig.

Bahman und ich schwiegen. Ein ständiges Beobachten und Beobachtet-Werden, Blicke des gegenseitigen Mißtrauens. Ich spürte, wie meine Bewegungen sich veränderten, verkrampften. Das große Tuch rutschte mir häufig aus dem Gesicht. Meine Bewegungen wurden langsamer, schüchterner, behäbiger, aus Angst, das Tuch könnte verrutschen, der Mantel könnte hängenbleiben. Aber auch die Stewardessen waren nun häufiger damit beschäftigt, sich die Haare aus der Stirn zu streichen. In gewissem Sinn gewann ich Gefallen an dem Versteckspiel. Nur die Hände und das Gesicht der Frauen zu sehen hat einen besonderen Reiz. Darauf konzentrierten sich die Sinne. Gleichzeitig regte das Verborgene, Verhüllte meine Fantasie an.

Ich begann, meine Eindrücke in einem kleinen Tagebuch niederzuschreiben, als ich bemerkte, daß der Sicherheitsbeamte, erkennbar an seiner blauen Uniform, wieder seine Runde zog. Er blieb hinter meinem Sitz stehen und blickte auf meine Aufzeichnungen. Unwillkürlich hielt ich inne und klappte das Buch zu. Im Vorübergehen warf er mir nochmals einen Blick über seine Schulter zu und unsere Augen trafen sich. Schon beim Schreiben fühlte ich mich wie ein bespitzelter Spitzel. Mir war einfach nicht klar, wie weit ich meine Gedanken frei äußern konnte und wo Gefahr lauerte.

Eine der beiden Stewardessen öffnete die Fensterklappe und ich fühlte mich wieder wohler, als ich den strahlend blauen Himmel durch die kleine Öffnung sah. „Jetzt ist das Unwetter vorbei", bemerkte sie. „In den letzten Tagen hat es in Teheran viele Tote gegeben. Jetzt können wir wieder schönes Wetter atmen, bis die Bomben von Saddam Hussein kommen. Dann fehlt nur noch das Erdbeben."

Ganz unbefangen äußerte sie ihre Meinung, für jeden hörbar. Dabei finde ich es nachträglich verblüffend, wie später alles in dieser Reihenfolge eintraf.

Neben uns saß der Ehemann jener Frau, die mich am Flughafen so neugierig angesprochen hatte. „Ich reise die ganze Zeit zwischen Iran und Deutschland hin und her", begann der Mann zu erzählen. „Meine beiden Söhne leben mit ihrer Mutter in Deutschland. Sie hätten sonst zum Militär müssen, in dieser Zeit des Krieges. Ich bleibe die Hälfte des Jahres in der Heimat, um mich um meine Geschäfte zu kümmern, und die anderen sechs Monate bin ich mit meiner Familie zusammen. Uns geht es gut. Wir haben nichts zu fürchten."

Viele Iraner hatten mich zuvor gewarnt, nie in der Öffentlichkeit ein Wort fallen zu lassen, welches politisch kritisch ausgelegt werden könnte. Ich hatte Geschichten gehört von Spitzeln, die vom Staat eigens dafür eingestellt worden waren, gegen die Regierung zu sprechen, um den so leichtgläubigen Menschen Aussagen über ihre Gesinnung zu entlocken. Aus diesem Grund brachte ich jedem Fremden zunächst große Skepsis entgegen und war erstaunt, wie gesprächig dieser Mann war.

Zum letzten Mal wurden wir im Flugzeug mit all den Luxusgütern versorgt, die bald Mangelware werden sollten, auf die ich jedoch in meinem Alltag ohnehin weitgehend verzichtete: Coca-Cola, große Fleischportionen, Bananen, Schokolade. Die iranische Fluggesellschaft versuchte, uns mit internationaler Qualität zu verwöhnen, mit deutscher Markenbutter und dänischen Butterkeksen neben original persischen Spezialitäten. Der Mann neben uns begann schon vom üppigen Essen zu schwitzen und genoß es sichtlich, von den Vorzügen beider Kulturen ungehindert zu profitieren.

Ich blickte nach hinten zu Homan. Auch ihm stand der Schweiß auf der Stirn. Sieben Jahre hatte er sich nicht mehr in sein Heimatland gewagt. Vielleicht war sein Name auf einer der Karteikarten der Regierung, weil er seinen Militärdienst noch nicht abgeleistet hatte. Es war durchaus möglich, daß er an der Paßkontrolle bei der Einreise gleich als Soldat eingezogen wurde.

Homan wischte sich mit der Serviette über seine Stirn und seufzte. Bei der Einreise warteten die Behörden mit der Fahndungsliste und bei der Ausreise drohten die Fangarme des Militärs. Doch sein Heimweh war so stark, daß er alle diese Risiken eingehen wollte.

Der Mann neben mir schwitzte vom vielen Genießen und hinter uns schwitzte Homan vor Angst und bald wir alle vor Hitze. Noch bevor das Flugzeug zum Stillstand kam, entwickelte sich ein großes Gedränge. Jeder versuchte mit seinen Kindern und vielen kleinen Taschen, als erster in der Wartehalle bei der Paßkontrolle anzukommen.

Es war erstaunlich, wie behende selbst alte Frauen jetzt plötzlich die Treppen der Gangway hinunterstürzten, um als erste den Bus zu erreichen. Bahman trieb mich zur Eile an, doch ich zögerte und die Türen des überfüllten Busses, der uns zum Terminal fahren sollte, schlossen sich vor uns. Später wurde mir klar, warum er so drängte.

Es war zwei Uhr morgens. Weil ich mich nicht von der Hektik anstecken lassen wollte, standen wir nun in einer langen Reihe, noch vor der Tür zum Gebäude der Paßkontrolle. Stunden mußten wir in einer großen Halle ausharren. Haare und Kleidung begannen mir an der Haut zu kleben. Trotz der Klimaanlage und der hellen, kühlen Marmorsteine, die der riesigen Empfangshalle einen edlen, großzügigen Charakter verliehen, wurde die Luft immer schwüler und stickiger. Erträglich wurde das Warten durch das aufmunternde Lächeln meiner Leidensgenossen, die geduldig ihre Kinder auf dem Arm hin- und herbewegten.

Links neben uns bewegte sich eine viel kürzere, gesonderte Reihe, die Kontrolle der Diplomaten, graue Herren mit Anzug und Aktenkoffer, keine Kinder, kein Handgepäck, aber auch keine Krawatten.

Homan stand indessen schon weit vor uns. Gespannt zählten wir die wenigen Leute vor ihm ab und bangten mit ihm. Seine Angst war aus der Entfernung nicht mehr zu sehen. Während die Reihe der Diplomaten neben uns schon im Schnellgang durchgehuscht war, bewegten sich die übrigen vier Reihen nur zäh, da bei jedem Ausweis zunächst ein langes Register von Hand durchgeblättert werden mußte. Bei Homan dauerte es besonders lange. Wie oft wurden Menschen an dieser Schranke festgehalten und landeten im Gefängnis oder verschwanden für immer, während draußen die Verwandten und Freunde einem zermürbenden Warten hinter den Gittern der Flughafenbarrieren ausgesetzt waren.

Es kam mir vor wie russisches Roulett. Dieser Streß, der Schweiß, die Angst. Bahman trat vor Aufregung von einem Fuß auf den anderen.

Doch da reckte sich ein braunes Dokument aus dem Glaskasten Homans Hand entgegen. Kurz blickte sich Homan um und lächelte uns zu. Wir atmeten auf. Von da an überkam mich eine ungemeine Ruhe, das Gefühl, daß alles gut gehen würde.

Große Geduld war auch bei der Gepäckkontrolle gefordert, da jeder Koffer einzeln auseinandergenommen und durchwühlt wurde. Entgegen deutscher Gründlichkeit und Ordnung quoll beim Öffnen der Gepäckstücke aus allen Taschen stets das gleiche Chaos hervor, wild durcheinandergeworfene Kleidungsstücke, Wäsche, Shampoo, Seife, Kaugummi, Schokolade, Jeans, Turnschuhe, Elektrogeräte, die gleichen industriellen Massenkonsumwaren, wie sie sich in unseren Koffern verbargen.

Ich beobachtete gespannt, wonach gesucht wurde. Das Augenmerk des Zollbeamten konzentrierte sich auf eine Zeitschrift. Er blätterte ein Modejournal durch und suchte nach pornographischen Darstellungen. Zunächst fand er nichts Anrüchiges und drehte die Zeitung unschlüssig in seinen Händen. Er warf dem Besitzer einen mahnenden Blick zu. Als dieser mit bittender Miene versuchte, das Journal zu behalten und sich in einem Wortschwall rechtfertigte, begann der Zollbeamte, das Magazin sorgfältig Seite für Seite zu zerreißen. Eine Burdazeitschrift erlitt dasselbe Schicksal. Mit rügenden Blicken ließ der Zollbeamte den Mann vor seinem zerfledderten Gepäck zurück und wandte sich dem nächsten Koffer auf dem Förderband zu.

Als der Kontrolleur bemerkte, daß ich als Fremde zum ersten Mal dieses Land betrat, ging er mit meinen Sachen etwas milder um. Doch den Kaufhauskatalog, den Bahman sorgsam ganz unten im Gewühl vergraben hatte, zog er mit gekonnten Schwung aus der Tiefe hervor, so daß er gleich in hohem Bogen auf den Boden flog.

In diesem Moment huschte mir ein amüsiertes Lächeln über das Gesicht, welches jedoch gleich einfror, als ich einen hinkenden, jungen Mann sah, der sein geschientes Bein wie einen Orden vor sich hertrug. Soldaten, die im Krieg verletzt wurden, erhielten vom Staat eine Auszeichnung und wurden in besonderer Weise gefördert und begünstigt.

Sein ungepflegter Bart, der bis über beide Wangen reichte, und die olivgrüne Uniform waren die äußeren Kennzeichen der Revolutionswächter.

Auch für die Männer gab es im Iran spezielle Kleidungsvorstellungen und Vorschriften. Selbst im Hochsommer sollten sie vorzugsweise langärmelige Hemden tragen. Kurze Hosen waren nicht erlaubt. In der Öffentlichkeit wurde es nicht gerne gesehen, wenn Männer sorgfältig gepflegt aussahen. Die westlichen Vorbilder, glatt rasiert und mit Krawatte, wurden von den Revolutionswächtern in der Öffentlichkeit verboten. Beim Gang zum Barbier wurde oft gewünscht, daß die Bartstoppeln ab einer bestimmten Länge stehen blieben. Auch bei wichtigen Behördengängen empfahl es sich, unrasiert und schlicht gekleidet zu erscheinen.

Obwohl Bahman nicht ganz diesem Ideal folgte, noch dazu mit einer fremden Frau in dieses Land einreiste und unser Gepäck nicht den islamischen Kulturvorstellungen entsprach, wurde außer einem Warenhauskatalog alles an uns geduldet und wir durften die Gepäckkontrolle im Vergleich zu den anderen sehr schnell passieren.

3
Ankunft in Teheran

Hinter einer Glaswand sahen wir dann die ganzen Verwandten und Freunde, die dort seit Ankunft des Flugzeuges warteten. Frische Blumen leuchteten in bunten Farben, welche vom Schwarz der Schleier abstachen, die die Frauen trugen. Nur noch eine letzte Flugschein- und Gepäckkontrolle trennte uns von der wartenden Menge.

Ich begann meinen pochenden Herzschlag zu spüren. Gespannt wartete ich darauf, wie mich Bahmans Familie jetzt aufnehmen würde. Da entdeckte ich seine Schwester Golnar in der Menge, die ich zuvor nur auf Fotos ohne Schleier gesehen hatte. Durch Bahmans Erzählungen schien sie mir schon sehr vertraut. In ihren ausgebreiteten Armen hielt sie einen großen Strauß mit Gladiolen, eine Komposition aus vielen bunten Farben, roten Rosen und Schleierkraut. Sie ging nicht zuerst auf ihren Bruder, sondern auf mich zu und umarmte mich herzlich mit leuchtenden, warmen Augen. Der intensive Duft der Blüten stieg mir in die Nase.

Die Cousine Mahtab reichte mir zaghaft, schüchtern einen weiteren Strauß und wir küßten uns gegenseitig auf die Wangen. Mahtab wirkte unglaublich zart und zerbrechlich. Über ihr hübsches Gesicht huschte ein sanftes, geheimnisvolles Lächeln. Sogleich breitete Mahtabs Mutter, Ameh Ashraf, die Arme zur Begrüßung aus. Sie war eine Tante väterlicherseits, was im Persischen mit „Ameh" bezeichnet wird. Vor Freude über das langersehnte Zusammentreffen mit der Familie verschwand unsere Müdigkeit und die Anspannung von den Strapazen der Reise spurlos.

Nachdem wir schließlich den Cousin Mahmoud in dem Gewühl wiederfanden, der schon lange nach uns gesucht hatte, traten wir hinaus in die warme Luft Teherans, die selbst bei Nacht noch staubig schmeckte. Ich barg meine Nase in den frischen Blumen und sog den betörenden Duft der Rosen ein. Ein Duft, den ich zum ersten Mal in meinem Leben in der Türkei wahrgenommen hatte. Die Rosen des Orients dufteten intensiver. Als mir meine asiatischen Freunde dies in Deutschland zuvor beschrieben, hatte ich es zunächst nicht für wahr genommen, ihre Behauptung sogar für arrogant gehalten, bis ich es nun selbst erlebte. Das warme Klima begünstigt eben nicht nur die Ausbreitung schlechter Gerüche.

Die Gärten im Iran werden nicht wie in Europa entsprechend den Formen und Farben der Pflanzen angelegt, sondern es wird versucht, gleichzeitig ein Arrangement der passenden Duftnoten zusammenzustellen.

Ich spürte, daß Golnar meine Bewegung genau beobachtete, während ich an den Rosen roch. Unsere Augen trafen sich. Wir zwinkerten einander zu und mußten beide lächeln. Lange hatten wir uns auf diesen Augenblick gefreut. Arm in Arm genossen wir es, gemeinsam langsam durch das Gewühl der Ankommenden und Empfangenden zu schreiten. Bahman hatte zu Golnar eine ganz besonders innige Verbindung, was Golnar und mich gleich bei der ersten Begegnung einander nahebrachte. Wir schwiegen und meine Hand faßte um Golnars Schulter, wobei mir auffiel, wie weit ich dazu heruntergreifen mußte. Im Verhältnis zu Bahmans Verwandten kam ich mir als Frau auf einmal großwüchsig vor. Golnar trug einen schwarzen Tschador, ein ganz leichtes, großzügig geschnittenes, weites Tuch, welches unter dem Kinn mit einer Hand festgehalten oder an einem Stoffzipfel unter der Schulter eingeklemmt wurde. Ich bewunderte, wie frei und natürlich sie sich bewegte, ohne daß ihr Tschador auch nur verrutschte. Der feine, dünne Stoff wallte beim Gehen auf, wie ein kleines Zelt. Wörtlich übersetzt, bezeichnet das Wort Tschador nicht nur den Schleier als Kleidungsstück, sondern heißt tatsächlich auch „Zelt". Ich fand den Namen sehr passend. Nicht nur wegen der zeltartigen Form, den der Tschador durch die Bewegung des Gehens annahm, sondern auch durch die Schutzfunktion, die er den Frauen vor Staub und Hitze und auch vor Blicken bietet.

Ein persischer Spruch über den Tschador regte mich oft zum Schmunzeln an.

Manch schöner Wuchs hüllt sich in Schleier ein.
Hebt man ihn hoch, ist's ein alt Weiberlein.[3])

In der Tat wirkte Ameh Ashraf, als sie die Wagentür öffnete und ihr Tschador mit einem eleganten Schwung leicht den Staub der Straße berührte, unglaublich jung und edel in ihren Bewegungen.

Trotz der Müdigkeit hatte ich Mühe, meine Schritte an Golnar anzupassen. Mir fiel auf, daß die Iranerinnen viel langsamer und gemächlicher gingen. Die meisten Frauen hielten sich sehr aufrecht und ihr Gang hatte etwas Elegantes, Feierliches, ganz gleich ob in Mantel oder Tschador. Bahman hatte mich einmal davor gewarnt, daß man mich im Iran trotz der tarnenden Kleidung schon allein am unterschiedlichen Gang gleich als Ausländerin entlarven könne.

Während die Männer sich um unser Gepäck kümmerten, wies mich Ameh Ashraf als erste in den Wagen und forderte ihre Tochter auf, darauf zu achten, daß ich bequem sitze und genug Platz habe. Sie selbst nahm auf dem Beifahrersitz Platz, der im Iran für zwei Leute gedacht ist und versuchte, sich so schmal zu machen, daß fast der ganze Sitz für Bahman frei blieb. „Du sitzt unbequem wegen mir“, entschuldigte sie sich mehrmals bei Bahman.

„Kann deine Frau wirklich persisch verstehen?“ fragte Ameh Ashraf erstaunt. Bahman munterte sie auf, mit mir zu sprechen und sie drehte sich um und hieß mich auf persisch nochmals herzlich willkommen. Als ich ihr auf persisch antwortete, überzog sich ihr ganzes Gesicht mit einem strahlenden Lächeln und ihre bewundernswert makellosen, weißen Zähne blitzten auf.

Auch Bahman hatte solch außerordentlich guten Zähne. Wieder packte mich das schlechte Gewissen wegen der ganzen Schokolade in unserem Gepäck und den sogenannten Zivilisationskrankheiten, die wir mit dieser Nahrungssubkultur einführten.

---

[3] ebd. S. 42.

Ameh Ashraf war sichtlich erleichtert. „Seit Tagen habe ich mir Gedanken gemacht, wie wir uns miteinander verständigen könnten und was ich für Euch kochen sollte."
„Kein Problem. Heide mag persisches Essen sehr gern. Zu Hause kochen wir oft persisch." Als Bahman dies erwähnte, war sie besonders froh.

Als unser Cousin Mahmoud sich schließlich ans Steuer setzte, kündigte sich schon fast die Morgenröte an. Nach kurzer Fahrt zeichnete sich von weitem der riesige Schahyadturm am Horizont ab. Ich kannte ihn schon von Postkarten als Wahrzeichen der Stadt. Seit der Revolution hieß er Freiheitsturm. Dieses Monument des Schahs gehörte zu Teheran wie der Eiffelturm zu Paris. Je mehr wir uns diesem modernen, sandsteinfarbenen Turm mit seinem kunstvoll angestrahlten türkisfarbenen Dekor näherten, desto gigantischer wirkte er, ein imposantes Symbol der Macht und Stärke. Dieses eindrucksvolle Bauwerk aus der Schahzeit sollte das Tor zur Hauptstadt darstellen, wie mir Mahmoud erklärte.

Wir bogen als nächstes in eine große Allee ein, ähnlich dem Stil der Champs-Élysées angelegt. Die Straßen waren leer, noch war die große Stadt nicht erwacht. Nur einzelne Cafés hatten schon geöffnet, in deren Küchen die traditionelle Hammelkopfsuppe vor sich hinbrodelte. Diese kräftigende Fleischbrühe wird gerne bei Sonnenaufgang als Stärkung für den bevorstehenden Arbeitstag genossen.

Obwohl noch kein Verkehr war, dauerte die Fahrt sehr lange. Die Stadt war einfach ein Moloch. Straßenzüge führten kilometerlang schnurstracks geradeaus.

Als wir endlich im Haus von Ameh Ashraf ankamen, servierte sie uns gleich einen wohltuenden kalten Fruchtsirup, den sie selbst hergestellt hatte. Sie brachte Bahman eine weite bequeme Hose, die im Iran als „Pyjama" bezeichnet wird. Wenn männliche Gäste das Haus betreten, bietet die Frau ihnen üblicherweise diese bequemen Pyjamahosen als Kleidungsstück an, damit sie ihre einzwängende Straßenkleidung ablegen können und sich im Haus wohl und heimisch fühlen. Obwohl keiner von uns die Nacht über geschlafen hatte, saßen wir ins Gespräch vertieft zusammen.

Schon um vier Uhr morgens war Ameh Ashrafs Mann aufgestanden, um das erste Gebet des Tages zu verrichten. Heute war ein Trauertag. In den öffentlichen Betrieben legten alle ihre Arbeit nieder, um der vierhundert iranischen Hadschis zu gedenken, die bei der diesjährigen Pilgerschaft nach Mekka von den Saudis getötet wurden, weil sie gegen die amerikanische Regierung demonstriert hatten. Dieses Massaker hatte zur Folge, daß in den folgenden fünf Jahren die Regierung die Pilgerreise nach Mekka für Iraner verbot.

Dieses Verbot hatte eine einschneidende Bedeutung für die iranischen Moslems und für die Regierung einer islamischen Republik, denn die Pilgerfahrt nach Mekka zählt neben dem Glaubensbekenntnis, dem Gebet, dem Fasten und der Almosengabe zu den fünf wichtigsten religiösen Pflichten eines Moslems.

Jeder gläubige Moslem sollte, wenn er dazu in der Lage war, mindestens einmal im Leben am sogenannten „Hadsch", eben dieser jährlichen Pilgerfahrt, teilnehmen. Auch unser Onkel war ein Hadschi, er hielt sich streng an den Koran und betete fünfmal täglich voller Andacht und Inbrunst. Allerdings fuhr er trotz Trauertag zur Arbeit in sein Hotel.

Dort arbeitete er seit dreißig Jahren täglich zwölf Stunden. Im Iran gibt es nur für Beamte eine Rentenversicherung. Hadschi konnte trotz seines hohen Alters noch nicht in den Ruhestand treten, da sein ältester Sohn Mahmoud nicht die Arbeit im Hotel übernehmen konnte. Dieser hatte die schwierige Aufnahmeprüfung für die Universität nach dem Abitur nicht bestanden. Ohne abgeleisteten Wehrdienst durfte er nicht anfangen zu arbeiten. Da er befürchtete, an die Front geschickt zu werden, falls er zum Militär ginge, hielt er sich die meiste Zeit im Haus versteckt. Trat er an die Öffentlichkeit, konnte es ihm jederzeit drohen, daß seine Personalien kontrolliert wurden und er zum Wehrdienst einberufen wurde.

Dem Hadschi blieb also nichts anderes übrig, als selbst am Feiertag in den frühen Morgenstunden sich auf die lange Fahrt zu seiner Arbeit zu begeben. Kurz zuvor schaute er noch zu uns in den Salon hinein, wo wir gerade frische exotische Früchte zu uns nahmen. Er war von kleiner, gedrungener Statur. Seine dunklen, braunen Augen bildeten einen scharfen Kontrast zu den schneeweißen Haaren, die sein Gesicht umrahmten, was von vielen Lachfalten durchzogen war. Er war kein Mann der großen Worte, aber in seiner kurzen, wortkargen Begrüßung lag eine innige Herzlichkeit. Hadschi entschuldigte sich, daß er seinen Pflichten nachgehen mußte, und zog sich zurück.

Ein wenig später machte sich Mahmoud auf den Weg, um Brot und Milch einzukaufen. Einige Lebensmittel wurden vom Staat zu subventionierten Preisen auf rationierte Coupons verkauft. Um an diese verbilligte Ware zu gelangen, mußte viel Zeit, Geduld und ein gutes Stehvermögen aufgebracht werden. Es dauerte fast zwei Stunden, bis er zurückkam, die Arme vollgepackt mit dampfenden, frischen Fladenbroten, deren verlockender Duft bis in den Salon vordrang. Doch wir waren inzwischen alle so müde geworden, daß wir uns in die oberen Räume zurückzogen.

Bahman und ich schliefen in einem großen, geräumigen Salon, in dem sich keinerlei Möbelstücke befanden. Dafür bedeckten wertvolle, handgeknüpfte Perserteppiche den ganzen Boden. Da sie zum Teil etwas wahllos übereinandergelegt waren, kam die Pracht des einzelnen Stücks leider kaum zur Geltung. Das Arrangement wirkte wie eine bunte Wiese, in deren Zentrum zwei Schlafmatten ähnlich japanischen Futons ausgebreitet lagen. Ich empfand dieses Schlaflager als sehr angenehm. Von der Wand, die mit einer kunstvoll geschnitzten Holzvertäfelung dekoriert war, blickten die scheuen, warmen Augen des Hadschi treu aus seinem noch nicht von den Spuren des Lebens geprägten Gesicht. Das Porträt seiner Jugend prägte stark die Atmosphäre des ansonsten leeren Raumes.

Die Kühle des Air-conditioner durchdrang erfrischend die schwüle Luft und brachte den leichten Vorhang in Schwingung, der als dünne Trennwand zwischen unserem Geflüster und dem ruhigen, regelmäßigen Atmen der schlafenden Kinder wehte. Es fiel mir schwer, mich an den ständigen, sanften Luftzug und das monotone Brummen des laufenden Kühlmotors zu gewöhnen. Doch müde von der Reise und vollgesogen von den neuen Eindrücken und Begegnungen versank ich schnell in einen tiefen Schlaf dumpfer Träume.

Meine Sinne nahmen die neue Umgebung erst dann wieder wahr, als der Gesang des „Allah Akbar" vom Minarett her die Mittagszeit ankündigte. Verschlafen tastete meine Hand den Platz neben mir ab und griff ins Leere. Bahman war schon aufgestanden und ich hörte seine Stimme nun wach und energisch von der unteren Etage durchdringen.

Bahman hatte mir oft beschrieben, daß er im Iran gewöhnlich sehr früh aufwache und sich wach und ausgeschlafen fühle. Die Lamellen der Jalousien vor der großen Fensterfront hielten die hellen Sonnenstrahlen ab, deren Hitze allerdings den Raum durchdrang. Ich ging zum Fenster und öffnete die Blende. Keine Wolke trübte den strahlend blauen Himmel. Es dauerte eine Weile, bis sich meine Augen an das grelle Tageslicht gewöhnt hatten und ich auf den Vorhof blicken konnte. Ziersträucher, durchmischt mit Zitrusfrüchten und Granatapfelbäumen, dazwischen einzelne Blumen, umsäumten das kleine Schwimmbecken, welches leider nicht gefüllt war. Der Sandsteinboden des Autostellplatzes reflektierte die Sonnenstrahlen und blendete meine Augen. Eine hohe Mauer grenzte Haus und Hof von der Außenwelt ab und verwehrte mir die Einsicht in das Geschehen der dahinterliegenden Gasse.

Schnell huschte ich in das angrenzende Bad, um mich von dem klebrigen Schweiß der langen Reise zu befreien. Auf dem Flur hörte ich geschäftiges Treiben, und der Duft des vor sich hinköchelnden Mittagessens lag schon in der Luft. Teherans Wasser roch überhaupt nicht nach Chlor und hatte einen sehr erfrischenden Geschmack. Nun konnte ich die Iraner verstehen, die sich in Deutschland immer über das Wasser beklagt hatten, daß sie davon Schuppen und Pickel bekämen und die Haare ihren Glanz verloren. Ich fühlte mich sehr angenehm leicht, als ich nach dem Bad in das Foyer kam.

Dort lernte ich den übrigen Teil der anwesenden Familie kennen. Mehrdad, der zweitälteste Sohn, hatte den gleichen scheuen, warmen Blick, der mir vom Jugendbild seines Vaters bekannt war. Schüchtern senkte er seine Augen zu Boden, um mich zu begrüßen, streckte die Hand weit von seinem Körper ab und zog sie nach einer flüchtigen Berührung schnell zurück. Seine linke

Hand hielt er dabei auf dem Rücken und neigte seinen Kopf zu einer leichten Verbeugung. Diese Gebärden, Gesten der Demut und Distanzwahrung waren mir fremd und ungewohnt. Auch in der Umarmung Bahmans, den Mehrdad zur Begrüßung küßte, lag ein ehrfurchtsvoller Abstand. Begrüßungen erfolgen im Iran nach einem genau festgelegten Zeremoniell, welches die soziale Stellung der einzelnen und die Beziehung zwischen ihnen spiegelt.

Traditionell war es nicht üblich, daß ein Mann einer Frau die Hand zuerst reichte, sondern warten mußte, bis sie ihm die Hand zum Gruß anbietet. Männer untereinander umarmten sich dagegen sehr innig zur Begrüßung. Dabei wurde strenger Wert darauf gelegt, daß der Jüngere auf den Älteren zuging. Derjenige, welcher als erstes grüßte, erwies dem anderen damit seine Ehrerbietung. Bei Gleichaltrigen war es quasi ein Positionskampf, wer wen zuerst grüßte.

Eine Frau sollte in der Öffentlichkeit vorsichtig sein, einem Mann außerhalb des engen Familienkreises die Hand zu reichen. Damit konnte sie sich in die peinliche Situation bringen, daß sich der Mann entschuldigend vor ihr verbeugte. Es konnte nach dem Islam der Frau als eine Schande ausgelegt werden, da es auch als Annäherung ausgelegt werden konnte.

Die Frauen untereinander begrüßten sich ebenfalls sehr herzlich und küßten sich dabei gegenseitig mehrmals auf die Wangen. Auch hier spielt sich das gleiche Ritual der Rangfolge ab, mit der Frage, wer die Initiative ergreift. Allerdings schien es unter den Frauen weniger von Bedeutung zu sein, wer auf wen zuerst zuging. Abstufungen geschahen eher durch kleine Unterschiede in der Form der Geste der Umarmung und in ihrer Intensität. Bahman war übrigens der Ansicht, daß es sich genau andersherum verhielt.

Bahman hatte mir oft erklärt, daß ich nie einem Mann die Hand geben sollte. Deshalb hatte mich Mehrdads Geste besonders verunsichert. Im Kreise der Familie galten jedoch wieder andere Regeln als in der Öffentlichkeit. Mehrdad wirkte gleich bei der ersten Begegnung sehr intellektuell aus mich. Er hatte die schwierige Aufnahmeprüfung zur Universität bestanden und studierte Mineralogie.

Dann trat mir eine zierliche Frau zur Begrüßung entgegen, die etwa gleichaltrig mit mir zu sein schien. Ihre bestehende Schwangerschaft begann sich gerade abzuzeichnen. Sie stellte sich mir als Arezo vor. Ich blickte in ihr außergewöhnlich schönes Gesicht, bewunderte ihre ausdrucksvollen großen Augen, ihre breiten, schwungvoll gebogenen Augenbrauen und ihre vollen Lippen. Ihre Schönheit faszinierte mich auf den ersten Blick.

Im Iran gab es zu dieser Zeit für Männer und Frauen kaum Gelegenheiten, sich in der Öffentlichkeit kennenzulernen. Die meisten Beziehungen wurden auf Familienfesten geknüpft. Bei den feierlichen Anlässen wie Hochzeiten, Geburten, Beerdigungen und zum Neujahrsfest lernten sich meist Paare kennen, die in irgendeiner, wenn auch noch so entfernten Verwandschaft miteinander standen. Arezo hatte ihren Mann Jamshid buchstäblich auf der Straße kennengelernt, während sie verzweifelt versuchte, kurz nach bestandener Führerscheinprüfung das Auto ihres Vaters in eine enge Parklücke zu zwängen. Als Jamshid die schöne Frau hinter dem Steuer sich abplagen sah, bot er ihr natürlich sofort seine Hilfe an. Seitdem konnte er sie nicht mehr vergessen. In detektivischer Kleinstarbeit machte er mit Hilfe seiner Freunde Arezos Elternhaus aus. Es war ein gewagtes Unterfangen. Jamshid war Iraner mit türkischer Abstammung. Iran unterschied sich in dieser Hinsicht nicht von Deutschland. In der Gesellschaft bedeutete türkische Abstammung eine Erniedrigung. Persische Witze nahmen besonders die angebliche Dummheit und Einfältigkeit der Türken aufs Korn. Kein Wunder, daß Arezos Familie zunächst gegen die Heirat war. Doch die beiden setzten sich über diese Barrieren hinweg. Aus ihren Augen strahlte ein Leuchten und Harmonie.

Jamshid war etwa zwei Köpfe größer als Arezo. Er war sehr feingliedrig und schmal. Sein anderes Äußeres und sein Akzent verriet unverkennbar die unterschiedliche Abstammung der beiden. Damit hatten wir untereinander eine Erfahrung gemeinsam, wenn auch der äußerliche und kulturelle Unterschied zwischen Bahman und mir viel ausgeprägter war.

An diesem Nachmittag lernte ich noch mehr der unausgesprochenen gesellschaftlichen Unterschiede kennen. Mahtab, Mahmoud, Bahman und ich fuhren mit Hadschis Auto durch Teheran. Der Verkehr floß wie von selbst, ungeachtet der Ampeln und der von außen auferlegten Verkehrsregeln. Jeder nahm auf den anderen Rücksicht, war jederzeit auf alles gefaßt. Durch dreispurige Straßen zwängten sich mühelos fünf Autos parallel, einfach weil die Fahrer viel flexibler waren, sich der jeweiligen Verkehrssituation und nicht stur den Regeln anpaßten.

Aus den heruntergekurbelten Fenstern der vorbeifahrenden Autos tönte orientalische Tanzmusik zu uns herüber. Ich war sehr erstaunt, da Bahman mir zuvor erklärt hatte, daß es im Iran zur Zeit verboten sei, Unterhaltungsmusik zu hören. Mahmoud ließ eine Kassette mit türkischer Musik spielen. Im Iran gab es zu der Zeit keine offiziellen Plattenproduktionen moderner Popmusik, so daß die Schlager aus den Nachbarländern auf dem Schwarzmarkt gehandelt wurden und dort reißende Abnahme fanden. Als sich uns ein Toyota der Pasdaran, der Revolutionswächter, näherte, drehte Mahmoud geistesgegenwärtig den Ton sofort leiser.

Hier und da sah ich aus den Beifahrertüren der Taxis ein schwarzes Fähnchen herausflattern, ein eingeklemmter Schleier. Tückisch konnte es werden, wenn sich der Schleier beim Aussteigen in der Tür verklemmte. Es kam vor, daß ein Taxi abfuhr und die Frau plötzlich ohne islamisches Gewand auf der Straße stand. Die Peinlichkeit dieser Situation läßt sich in Deutschland damit vergleichen, daß jemand plötzlich unfreiwillig nur in Unterhosen in der Öffentlichkeit steht.

Wir fuhren durch den Norden der Stadt, dem Wohnsitz der Privilegierten. Überrascht sah ich, daß die Frauen hier meist interessante, gemusterte Kopftücher trugen, die sie keck bis hinter den Haaransatz gleiten ließen. Oft lugten unter den Tüchern hell gefärbte Haarsträhnen hervor. Viele Frauen waren zudem leicht geschminkt, ihre Mäntel auffallend kürzer als meiner. Dunkelblaue, kurze Mäntel schienen in diesem Jahr in Mode. Die Frauen flanierten an den Schaufenstern der Boutiquen vorbei, die Mode aus Paris und London ausstellten. Mir fiel auf, daß die meisten sich sehr elegant, aufrecht und selbstbewußt auf der Straße bewegten, während ich selbst nicht gewagt hätte, Make-up zu tragen und ständig mit dem Zurechtziehen des Kopftuches über meinen Haaransatz beschäftigt war. Das straff und tiefsitzende Kopftuch schränkte meinen Blickradius zudem erheblich ein. „Werden die Frauen denn nicht von den Pasdaran festgehalten, wenn sie sich so in der Öffentlichkeit zeigen?" fragte ich erstaunt.

Mahtab lächelte. „Natürlich werden die Frauen festgenommen. Sie werden von den Pasdaran zum Komitee abgeführt und dort geschlagen. Aber am nächsten Tag laufen sie in derselben Aufmachung wieder auf der Straße herum." Auch Mahtab trug ihr Kopftuch nur lose um den Hals geschlungen und zeigte dezent ihren Haaransatz.

Wir fuhren weiter auf einen Berg, auf dem ein Neffe des Hadschi nun sein Haus baute. Dieser Neffe war wie viele andere Verwandte im Haus von Ameh Ashraf aufgewachsen. Hadschi hatte ihn bei sich aufgenommen und wie seinen eigenen Sohn behandelt. Dies war für die Familie nicht ungewöhnlich. Hadschi selbst stammte aus einer kleinen Reisbauernfamilie aus dem Norden Irans. Da ihm dort Grundbesitz fehlte, um sich eine eigene Existenz aufzubauen, ging er mit leeren Händen in die große Stadt, nach Teheran, und begann dort als Tellerwäscher sein tägliches Brot zu verdienen. Seine folgende Karriere war wie aus dem Bilderbuch. Mit dem mächtigen Geldsegen hat er allen geholfen. Er nahm vier Familien, teils Verwandte, teils seine Arbeiter im Haus auf. Später ging es diesen Familien dadurch so gut, daß sie sich ihre eigenen Häuser bauen konnten.

Obwohl Hadschi mit der Zeit immer reicher wurde, hat er seine eigene Bescheidenheit beibehalten. Lange war seine Askese so ausgeprägt, daß sie auch seine Sprache miteinbezog. Bis vor fünf Jahren ging er derart enthaltsam mit den Worten um, daß er selten mehr als einen Gruß hervorbrachte. Auch heute gab er sich immer noch sehr wortkarg. Wenn seine Familie und die Gäste gemeinsam am Tisch saßen, herrschte eine angenehme, meditative Stille im Raum. Hadschi mochte es nicht leiden, wenn während dem Essen viel geredet wurde. Dergleichen waren die Mahlzeiten sehr sorgsam und liebevoll zubereitet, aber es wurde nie im Überfluß aufgetischt, nur soviel, daß jeder gut satt wurde.

Hadschi hatte seine Weisheit aus der Schule des Lebens geschöpft. Ich bewunderte ihn, seine Konsequenz, seine Askese und seine Hilfsbereitschaft.

Als ein Beispiel hierfür galt Anush. Er war einer der Neffen, den Hadschi in die Familie aufgenommen und dem er ein Ingenieurstudium ermöglicht hatte. Er war von Hadschi wie ein eigener Sohn behandelt worden. Peinlich genau hatte er darauf geachtet, daß er gegenüber seinen leiblichen Kindern nicht benachteiligt wurde.

An jenem Morgen hatte ich mich länger mit Anush in fließendem Englisch unterhalten. Eigentlich war er Fachmann auf dem Gebiet Starkstrom, aber im Iran wurden die Ingenieure nicht in dem Metier eingestellt, in welchem sie sich spezialisiert hatten, sondern wo sie gerade benötigt wurden. Jetzt arbeitete Anush in der Gebäudekonstruktion. Er war hochintelligent, vielseitig und gebildet. Ohne Hadschis Hilfe wäre es ihm sicherlich nie möglich gewesen, seine Fähigkeiten so zu entfalten. Für Anush wäre es einfach gewesen, den Problemen des Landes zu entfliehen und sich woanders ein sorgloseres Leben aufzubauen. Statt dessen kümmerte er sich nun um die Wohnraumnachfrage bei der immer schneller wachsenden Bevölkerung, rieb sich seine Nerven an der maroden Wirtschaft auf, die ihm schon ein Geschwür in seine Magenwand eingraviert hatte. Sein Kopf steckte voller guter Ideen, deren Realisierung gestern am mangelnden Zement, heute am mangelnden Aluminium und morgen wer weiß woran scheitert. Die Politik des Landes war auf Zerstörung ausgerichtet, während Anush gegen den Strom schwamm und versuchte, zu dieser Zeit neuen Lebensraum zu schaffen.

Ich wurde neugierig auf sein eigenes Haus, welches am Fuß des Elboursgebirges entstand. Nachdem wir ein Villenviertel passiert hatten, befanden wir uns in karger Berglandschaft, zwischen Eseln, Bergziegen und Geröll. Wir verließen den Asphalt, und der trockene Staub der Sandstraße verwehrte uns die Sicht aus dem Fenster. Mit dem Auto konnten wir noch nicht ganz bis zur Baustelle vordringen. Als wir ausstiegen und sich die Sandwolke unserer Autospur allmählich absenkte, wurde die Sicht vor unseren Augen nicht unbedingt klarer. Dafür aber die Probleme dieser Metropole. Eine Dunstglocke verdeckte den Kessel, in dem Teheran lag. Hier sollte nun neuer Wohnraum erschlossen werden. Noch weiter sollte sich dieser Moloch bis in das Gebirge vorfressen, noch weiter rollte die Menschenwelle an.

Als wir uns der Baustelle näherten, fiel mir auf, daß sich die Arbeiter in ihrer Statur von den Iranern irgendwie unterschieden. Ihre Augen blickten verschreckt aus dunklen Gesichtern. Unter sengender Sonne schaufelten sie in Handarbeit Stück für Stück die Steine des Elboursgebirge frei und setzten unter den Tropfen ihres Schweißes Stein auf Stein zu einem Fundament zusammen. Unter ihren weiten, sandfarbenen Hosen lugten schmale, nackte Füße hervor, deren Sohlen eine dicke Hornhaut zum Schutz entwickelt hatte.

Als ich Bahman später fragte, wo die Arbeiter herkamen, erfuhr ich, daß sie im Iran als Menschen dritter Klasse behandelt wurden. Es waren alles Afghanen, die sich hier als Tagelöhner im Sommer ihr Geld verdienten, womit sie sich dann das ganze Jahr über Wasser halten mußten. Ihre gesellschaftliche Position ließ sich in gewissem Sinn mit der Situation der Türken in Deutschland vergleichen. In den Medien wurden die Afghanen zu Dieben und Verbrechern abgestempelt. In den Tageszeitungen füllten Untaten der im Iran lebenden Afghanen die Schlagzeilen. In ihrer Rangliste standen sie noch unter den Iranern türkischer Abstammung. Während eine Ehe zwischen letzteren vielleicht gerade noch geduldet wurde, würde ein Heiratswunsch mit einem Afghanen einen Affront für die iranische Familie darstellen.

Trotz der Arroganz, die die Iraner in ihren Witzen und Erzählungen im Alltag oft den kulturellen Minderheiten entgegenbringen, bewahren sie sich dennoch ihre Prinzipien der Gastfreundschaft. Iran nimmt, gemessen an Deutschland, etwa viermal so viele Flüchtlinge auf, die alle versorgt und ernährt sein möchten.

Im Iran habe ich nie über die ständige Flut ausländischer Flüchtlinge und Zuwanderer aus den Nachbarstaaten lamentieren hören, obwohl deren Zahl in Relation zu Deutschland wesentlich höher liegt und die iranische Wirtschaft um ein Vielfaches schlechter steht.

Im Iran werden die afghanischen Flüchtlinge ohne große bürokratische Umstände aufgenommen. Niemand degradiert sie zu Wirtschaftsflüchtlingen. Die Iraner teilen ihr Brot, obwohl es knapp ist.

Das hagere, dunkle Gesicht, von dessen Stirn die Schweißperlen fast in die verschreckten Augen liefen, setzte sich in meinem Gedächtnis fest.

Die Tendenz zur Ausbeutung scheint mir ein zutiefst menschlicher Wesenszug zu sein. Bei diesen Gedanken kam mir, zurück im geräumigen Haus des reichen Hadschi, kein wohliges Gefühl auf. Nach einem festlichen Abendessen saßen Bahman und ich noch lange Zeit zusammen mit Mahmoud und Mehrdad. Wir saßen auf den kostbaren Teppichen und aßen Eiscreme, während wir über Politik und Religion diskutierten, bis uns die Augen zufielen. In jener Nacht träumte ich von dem afghanischen Arbeiter, der oben in den Bergen auf der Baustelle schlief, um das Grundstück seines Arbeitgebers zu bewachen, wie ein Wachhund.

Obwohl das Haus groß und geräumig war, lebten wir innerhalb des Hauses sehr eng aufeinander bezogen. Es gab kaum Möglichkeiten, sich abzugrenzen oder zurückzuziehen. Als neuer Gast wurde mir ständig Aufmerksamkeit gewidmet. Bei meinem ersten Anlauf eine kleine Notiz in mein Tagebuch zu schreiben, hatte ich schon gleich eine Schar Kinder um mich versammelt, die erstaunt meine Schrift betrachteten. Europäische Druckschrift war ihnen von den Werbeaufschriften vertraut, doch die entsprechende Schreibschrift hatten sie noch nie gesehen.

Schließlich lenkte ich mein Augenmerk ganz auf die Kinder und das Leben in der Familie, während die Idylle des großen Hauses im Teheraner Norden sich gegen die Welt draußen schön säuberlich durch eine hohe Mauer abgrenzte.

4
Aufbruch nach Norden

Schnell vergingen die Stunden im Kreis der Familie, und unsere Reise in den Norden des Landes stand bevor. Wir verließen die Geborgenheit im Haus von Ameh Ashraf und stürzten uns mit all unserem Ballast durch die Hitze des Teheraner Verkehrsgewühls.

Es herrschte lebhaftes Treiben am Terminal Teherans, dem großen Knotenpunkt sämtlicher Busse und Taxis der Metropole. Ich trottete mit meiner schweren Tasche Bahman hinterher und merkte, wie mir das Kopftuch wieder einmal herunterrutschte. Plötzlich steckte jemand seinen Kopf aus einem alten, schwarzen Mercedes Benz. Unwillkürlich stellte ich die Tasche ab, um meine Haare wieder zu verstecken. In diesem Augenblick sah mich der Mann an und brüllte los, so daß ich sofort zusammenzuckte, schlechten Gewissens um mein verrutschtes Kopftuch.

„Rasht, zwei Personen." Ein Lächeln huschte mir über das Gesicht. So sehr war ich nach zwei Tagen schon geprägt, daß ich hinter jeglicher arglosen Begebenheit Gefahr witterte. Sein Angebot nutzte uns nichts, denn wir suchten ein Taxi, welches fünf Personen nach Rasht befördern konnte.

Das Terminal begann mich zu faszinieren. Am Terminal konnte man zu jeder Tageszeit vorbeikommen und eine Verkehrsmöglichkeit zu allen erdenklichen Orten Irans finden. Es bedurfte keiner Fahrpläne und Organisation. Natürlich gab es auch Busse, die zu festen Zeiten fuhren, zu denen man sich im voraus Fahrkarten bestellen mußte. Aber als Alternative zum Individualverkehr hatte man im Iran, da nur wenige Familien sich einen eigenen Wagen leisten konnte, ein besonderes Transportsystem auf privater Basis entwickelt, unkompliziert und effektiv.

Ein Spiel mit dem Unerwarteten der Improvisation, das in

Deutschland, wo Pünktlichkeit so geschätzt wird, nicht machbar wäre.

Meine Unfähigkeit, meinen Alltag, mein Leben nach einem exakten Zeitplan zu organisieren, wurde mir in Deutschland immer als eine Schwäche ausgelegt. Ich wollte mich nicht dem Diktat und Takt der Uhr unterwerfen, wünschte meinen eigenen Rhythmus zu finden . Im Iran erfuhr ich diese Besonderheit meines Wesen erstmals als angenommen und akzeptiert. Lange fühlte ich mich in meiner Heimat in diesem Punkt als Fremde. Viele Teile meines Selbst, Ideen, Träume, Visionen waren dort in den Köpfen der Menschen einfach undenkbar. Diese Erfahrung des eigenen Lebensrhythmus zog sich in meinen Reisen nach Iran und in den Orient wie ein roter Faden durch meine Erlebnisse.

Ich blickte auf Bahman, der etwas skeptisch die abgefahrenen Pneus des Taxis betrachtete und dann zielstrebig auf einen anderen Wagen zuging, der ihm zuverlässiger aussah. Bahman liebte die Ordnung, Sauberkeit und Pünktlichkeit in Deutschland über alles. Auch er bemängelte an mir dieses Verhalten. Ich fragte mich, wie er früher den Iran wohl empfunden haben mag. Er klagte über Magenschmerzen und Übelkeit, denn die Hektik und die staubige Luft bekamen ihm nicht. Zudem machte er sich Sorgen, ob wir das rechte Auto finden würden, ob wir rechtzeitig vor der Dunkelheit im Norden Irans ankommen würden.

Golnar und ich lächelten uns zu. Beide hatten wir ein nicht erschütterbares Vertrauen, daß diese Reise gut gehen würde. Beide waren wir überzeugt, daß sich der geeignete Fahrer ganz von selbst finden würde. Bahman rannte angestrengt von einem Auto zum anderen. Nach jedem weiteren Fahrer, mit dem er verhandelte, zog sich seine Stirn krauser und krauser. Schweißperlen standen ihm auf der Stirn. Es war schwierig, ein Taxi für fünf Leute zu finden. Golnar und ich rückten unser Gepäck etwas näher zusammen, als ein alter, schwarzer Mercedes langsam neben uns vorrollte und der Fahrer uns durch das geöffnete Fenster zurief, „Rasht, fünf Personen". Golnar winkte ihren Bruder zu sich heran. Etwas widerspenstig folgte Bahman ihrer Geste. Sein blaues, langärmeliges Hemd war vom Schweiß dunkel unter seinen Achseln verfärbt. „Was ist ?" fragte er und blinzelte gegen die heiße Sonne und den Staub.

„Rasht, fünf Personen", wiederholte der Fahrer, als er sich näherte. Ich sah, wie sich Bahmans Stirn glättete, als er den soliden Wagen sah. Deutsche Markenqualität. Schnell hatten sich die beiden Männer über den Preis geeinigt, und wir stiegen ein.

Golnar und ich zwinkerten uns zu. Ohne daß wir ein Wort zu wechseln brauchten, verstanden wir uns. Golnar war in ihrer Art durch und durch weiblich, mütterlich. Auffallend war ihre kleine, gedrungene, rundliche Statur, wodurch sie trotz ihres jungen Gesichtes wesentlich älter wirkte. Nach dem Tod ihrer Mutter hatte sie in der Familie deren Position übernommen, obwohl sie die zweitälteste Schwester war. Golnar verfügte über eine unglaubliche innerliche Festigkeit. Sie strahlte Kraft und Stärke aus. Ich fand bei ihr eine Art mütterliche Geborgenheit und gleichzeitig fühlte ich mich innerlich mit ihr als Freundin und als Schwägerin verbunden. Es war wunderbar, wie wir beide das gleiche Vertrauen, die gleiche Zuversicht in unseren Alltag setzten, still und ruhig auf das passende Taxi gewartet hatten und der Wagen uns dann vor die Füße rollte, während Bahman sich dem männlichen Kampf hingab und den Autos nachjagte. Auch Golnar vertraute ganz auf ihre Intuition, ihre Gefühle. Die Gemeinsamkeit, Frau zu sein, verband uns viel stärker, als uns der unterschiedliche kulturelle und gesellschaftliche Hintergrund je trennen konnte. „Die Männer," flüsterte Golnar mir leise zu und schmunzelte, während ich mir das Lachen nur schwer verkneifen konnte.

Das Taxi rollte langsam und ruhig über die leere Autobahn, vorbei an der monotonen Stadtlandschaft. Die Gegend schien mir austauschbar, wäre nicht der trockene Staub gewesen, der an meinen Zähnen haftete, die sengende Sonne, die den Schweiß unter meiner dunklen Kleidung sofort an der Haut antrocknen ließ. Der Himmel wurde klarer, bis hin zum strahlenden Azurblau, und bildete einen einzigartigen scharfen Kontrast zu den Konturen der Erde, in deren ockerfarbenem Anlitz sich die Sonne spiegelte, die die bizarren gewellten und zerklüfteten Strukturen in Licht und Schatten tunkte. Versunken in das einzigartige, spannende Spiel der Formen und Farben zwischen Himmel und Erde strich die Zeit unbemerkt dahin. Allmählich setzten vereinzelte Bäume die ersten grünen Akzente in die Bergwüste. Der trockene Geschmack in meinem Mund ließ nach und ein angenehm kühler Wind erfrischte uns durch das geöffnete Fenster.

Wir näherten uns der Stadt Manjil. Hier wuchsen nur karge Olivenbäume, vom dem ewigen starken Wind gebogen, der in dieser Landschaft regierte. Der Wind trieb die Giftschlangen in ihr Versteck, welche sonst diese Gegend für Menschen unbewohnbar machen würden. Ich kurbelte meine Fensterscheibe hoch, bevor mir der Sturm das Tuch vom Kopf riß. Zwei Frauen gingen graziös über einen schmalen Bergweg, wobei sie mit der einen Hand einen Tonkrug auf dem Kopf balancierten und jeweils an der anderen ein Kind hielten. Der Wind spielte mit ihren großen, bunten Tüchern, in die sie gehüllt waren, und die in schillernden Farben um sie flatterten, so daß sie sich schon aus weiter Ferne von der Landschaft abhoben. Der kalte Wind tobte unwirsch, und sein Pfeifen mahnte mich eher an den herannahenden Herbst als an den Hochsommer im Iran.

Vor uns kämpfte sich ein Mann gegen den Wind über die Straße. Seine schwarze Pluderhose blähte sich auf und er mußte seinen hageren Körper weit vorbeugen, um der Naturgewalt seinen Widerstand entgegenzusetzen. Sein schroffes, spitzes Gesicht und seine vom Wetter gegerbte Haut paßten zu diesem Wind und in die düstere, asketische Landschaft. Bahman erzählte mir, daß dieser Wind hier nie aufhöre und sich die Menschen, die hier leben, seit Generationen an ihn angepaßt hatten. Dennoch bewunderte ich diese Frauen, die sich durch den Sturm nicht aus dem Gleichgewicht bringen ließen und ihre Kinder neben ihrer Last sicher über die Berge führten. Sie mußten diese Erde wohl sehr lieben, um sich diesem rauhen Klima auszusetzen.

Das Klima mit seinen extremen Temperaturschwankungen und dem tosenden Sturm wies alle ab, denen es nicht vertraut war. So kam es, daß sich über Jahrhunderte die traditionelle Kleidung der Frauen bewahrt hatte. Sie trugen keinen Tschador, sondern weite, bunte Röcke und große farbenfrohe Tücher. Streng genommen entsprach ihre Kleidung nicht den derzeitigen Vorschriften, doch es stieß sich keiner daran, daß ihre langen Haarzöpfe unter den Tüchern hervorlugten. Ihre unbezwingliche Eigenständigkeit hatte viele Extreme, sowohl das Schleierverbot als auch den Schleierzwang überdauert. Sie hielten jedem Wind stand.

Mich wunderte zunächst, daß noch niemand auf die Idee gekommen war, diese Gegend zur Gewinnung von Windenergie zu nutzen. Doch unsere Sorge um Energieknappheit berührte hier nur wenige. Zum einen benötigten sie kaum Strom und zum anderen hatte der Iran seine eigenen Erdölreserven. Diese Gegend war nur den Einheimischen vorbehalten.

Als sich wieder eine Stille über die Wipfel der Bäume legte, wagte ich es, erneut mein Fenster zu öffnen. Die Luft schmeckte nach dem saftigen Grün und ich spürte, wie sie sich als ein feiner Nebel über meine Haut legte, ja als ich meine Hand aus dem Fenster hielt, waren meine Unterarme mit feinen Wasserperlen benetzt. Golnars jüngster Sohn Kambis lugte mit seinen Kopf aus dem Fenster und streckte seine Zunge heraus, als wollte er die Feuchtigkeit und den Duft der Luft trinken. „Das ist Gilan," erklärte Bahman.

Munter sprangen die Ziegen zwischen den Steinen und Bäumen im Tal des längsten Flusses Irans, dem Sefid-Rud, der weiße Fluß. Gilan, die Kornkammer Irans, die grüne Perle, war begnadet von der Flüssigkeit, die die Wüste in Leben verwandelt. Das, wonach die anderen Provinzen Irans dürsteten, hatte Gilan im Überfluß.

Ich sah das Leuchten in den Augen der Kinder, als sie sich wieder in ihrer Heimat befanden. Bahmans ganzes Gesicht begann zu strahlen. Sie liebten ihr Land, fühlten sich verbunden mit dem Boden, den Wäldern, den Flüssen und dem Kaspischen Meer.

Erst jetzt begann ich Bahmans unbändige Sehnsucht nach seiner Heimat zu verstehen. Dieser Augenblick hob all die Demütigungen, all die Schwierigkeiten auf, durch die ich gegangen war, um mit Bahman in seine Heimat gehen zu können, um seine Wurzeln, seine Heimat, seine Familie kennenlernen zu können. Jetzt waren wir hier. Gemeinsam. Aus einem Traum wurde Wirklichkeit. Bahman und ich sahen uns in die Augen und ich spürte, wie das Blut in meinem Kopf rauschte. Golnar hatte uns unbemerkt aus ihren Augenwinkeln beobachtet. Sie hatte alles genau wahrgenommen. Sie hieß mich willkommen und die Kinder begannen ein Lied zu summen. Stundenlang waren wir schweigend durch die großartige Szenerie dieser Landschaft gefahren und nun kehrte das Leben wieder in uns zurück.

Der Tagesrhythmus wird im Iran von der Sonne bestimmt, deren Licht und Anmut die Menschen früh aus den Betten lockt. Munter, klar und frisch legt sie in die Herzen eine wachsame Offenheit, das Geschenk des Tages entgegenzunehmen. Dann dämpft die Mittagsglut die Aktivitäten und läßt das Leben in der Trägheit des Nachmittags pausieren. Wenn die Hitze abklingt, werden die Menschen auf einen anderen Teil des Tages eingestimmt; den des aufgehenden Schattens, den träumerischen Tagesabschnitt, an dem die Menschen ihre Arbeit in der kühlen Frische wieder aufnehmen. Am Abend und in der Nacht blüht im Osten das gesellschaftliche Leben wieder auf, gehen die Uhren länger.

Ich dachte an den mechanischen Rhythmus in Deutschland, der durch die Uhr und Termine vorgegeben war; an den verhaßten Wecker, der mich morgens oft so unsanft aus dem Schlaf riß, weil es schon Zeit war, obwohl es draußen noch stockdunkel war, an die Mittagsmüdigkeit, über die ich mich hinwegsetzten mußte, und an die einsamen Abende, die viele Familien vor ihren Fernsehern verbrachten, während ich mich abends wieder voll neuer Energie fühlte. In meiner Heimat begegneten die Menschen sich unter den vorgegebenen Pflichten des Tages zu fest vereinbarten Terminen und kehrten abends in ihre Einsamkeit zurück.

Ich genoß die zarten Rosatöne des Firmaments und dachte an meine Schwester, die nun vielleicht nach einem arbeitsreichen Tag in der Straßenbahn saß, und an ihre Besorgnis, ihre vielen Bedenken und Einwände, die sie gegen diese Reise geäußert hatte.

Zu dieser Zeit war Krieg. Doch das Land war so groß, die Front so weit weg. Der Krieg war nicht in den Herzen der Menschen, denen ich begegnen wollte, der Krieg ließ den paradiesischen Garten Gilan nicht verblühen.

In dieser abendlichen Idylle schienen die politischen Probleme weit weg zu sein und wir lachten und scherzten mit den Kindern, bis wir am Ziel unserer Reise ankamen. Die Dämmerung legte sich schon über den Hafen von Bandar Anzali, doch die kyrillische Schrift der russischen Handelsschiffe war gerade noch zu erkennen.

Aber auch in Bandar Anzali waren die Häuser vom Dauerregen verwittert und mit rostigen Blechdächern bedeckt. Ich konnte nicht begreifen, warum die Menschen in Gilan ihre Dächer aus einem, in meinen Augen, für diese Gegend so ungeeigneten Material bauten. „Warum werden die Dächer denn mit Blech gedeckt, obwohl es rostet?" fragte ich Bahman verwundert. „Das Blech ist wetterfest. Außerdem gilt es als modern", erklärte Bahman. Früher verwandten die Nordiraner nur ihre natürlichen Ressourcen als Baumaterialien. Ihre Häuser waren aus Lehm, Holz und Stroh gebaut. Im Gegensatz zu den modernen Bauten waren sie im Sommer vor der Hitze und im Winter vor der einbrechenden Kälte geschützt.

„Mir gefallen die traditionellen Häuser mit Strohdach viel besser. Das Blech sieht aus wie vom Schrotthaufen." Bahman stimmte mir zu. „Leider hat ein Haus aus Lehm und Stroh kein Prestige. Es verwittert sehr schnell und der Winter treibt den Regen durch das Dach. Außerdem können solche Häuser nicht beliebig groß gebaut werden. Im Konkurrenzkampf um das größte Haus nehmen die Leute in Kauf, daß es zum Teil zehn Jahre dauert, bis es fertig wird, weil die nötigen Materialien und das Geld fehlen." Ich blickte auf die vielen unfertigen Häuser, die den Straßenrand säumten. Die verrosteten Gerüste aus Eisenträgern sahen gespenstig aus.

Der Himmel zog sich in dunklen Wolken zusammen und über der ganzen Stadt lag eine gewisse Melancholie. Ich konnte mir beim ersten Anblick nicht vorstellen, in einer solchen Stadt zu leben.

In den Straßen herrschte zu dieser späten Stunde noch das volle Leben. Die Schaufenster der Geschäfte waren hell erleuchtet und auf dem bunten Markt wurde noch immer frisches Obst angeboten.

„Über diese Brücke bin ich immer zur Schule gegangen." Das war nun einer der Orte, zu denen mich Bahman zuvor schon so oft mit seinen Geschichten aus seiner Schulzeit mitgenommen hatte. Plötzlich waren die Straßen nicht mehr fremd, sondern sie waren angefüllt mit Vergangenem, mit Geschichten.

Das Taxi bog in eine kleine Sandstraße ein und die Kinder verlangten auszusteigen, um schon vorzulaufen. Sie wollten den anderen Nichten und Neffen, die schon seit langem gespannt auf uns warteten, unsere Ankunft ankündigen.

5
Die Kette

An jenem Abend lernte ich einen anderen Teil von Bahmans Geschwistern kennen. Im Schein von Petroleumlampen saßen wir auf Teppichen um den kleinen Hofbrunnen und näherten uns allmählich einander an. Auch die Kinder blieben bis spät in die Nacht mit uns wach. Wenn sie müde wurden, nahmen die Eltern sie auf ihren Schoß und wogen sie, auf einem Kissen auf ihren Füßen gebettet, in den Schlaf, um sie dann zu Bett zu bringen. Es gab kein Gezeter und Geschrei, keine feste Uhrzeit, wann die Kinder im Bett zu sein hatten. Sie schliefen einfach dann, wenn sie müde waren.

Ich fühlte mich sehr wohl und fand es angenehm, daß die Kinder in ihrem Bedürfnis, am Leben der Familie mit teilzunehmen, nicht ausgegrenzt wurden, weil die Uhr acht schlug. Nach und nach fiel jeder in den Schlaf, bis nur noch Bahman, Golnar und ich gemeinsam im Hof saßen, um die Eindrücke des Tages einander mitzuteilen.

Als Golnar aufstand, bemerkte ich an ihren langsamen, bedächtigen Bewegungen, daß etwas besonderes ihr Herz bewegte. Wir hatten zuvor über ihre Mutter gesprochen, und ich fühlte eine tiefe Trauer in meinem Herzen, daß ich nicht mehr die Gelegenheit habe, sie kennenzulernen. In der Familie war ihre weitere Präsenz stark spürbar, war sie es doch, die die ganze Familie zusammengefügt und getragen hatte. Ich ahnte, was mich nun erwartete.

Bahman war der erste Sohn der Familie. Das Loslassen war für seine Mutter sehr schmerzhaft, besonders weil er in ein fremdes Land ging. Als ihr jüngster Sohn Mohsen schließlich vor Bahman heiratete, sorgte sie sich sehr um Bahman. „Wenn doch nur mein Bahman endlich eine Frau finden würde. Er sollte zuerst heiraten, denn er ist der Älteste. Außerdem ist er so allein in der Fremde. Bestimmt werde ich sterben, bevor ich seine Frau zu sehen bekomme. Deshalb habe ich für seine zukünftige Braut eine Kette verwahrt, damit man ihr wenigstens ein Geschenk von mir überreichen kann." An ihrem Sterbebett gab sie ein Amulett an Golnar weiter. Sie sollte es der neuen Braut überreichen.

Niemand hatte Bahman verständigt, als seine Mutter im Sterben lag. „Deine Mutter hat oft nach dir gefragt, aber wir haben uns nicht getraut, dich zu benachrichtigen. Wir wollten dich schonen. Du bist so allein in der Fremde. Wir haben es nur gut gemeint mit dir." Bahman konnte seiner Familie bis heute nicht verzeihen, daß sie den Tod seiner Mutter vor ihm verborgen hatten. Erst vier Monate später erhielt er die Nachricht in einem Brief seines Cousins. Bahman schmerzte es sehr, daß er sich nicht von seiner Mutter verabschiedet hatte. Wortlos waren die beiden auseinandergegangen, obwohl die Mutter lange verzweifelt nach ihm gerufen hatte. Bis heute vermißt Bahman diese letzte Begegnung, die seine Geschwister durch ihr Schweigen vereitelt hatten.

Ich blickte in Bahmans traurige Augen. In sich zusammengesunken saß er mir gegenüber. Der kühle Nachtwind streichelte die Tränen fort, die mir über die Wangen liefen. Golnar kehrte aus dem dunklen Haus zurück. Die Petroleumlampe in ihrer Hand hüllte sie in ein festliches Licht. Sie kam auf mich zu und reichte mir ihre Hand. Dabei drückte sie mir ein kleines, festes Päckchen in die Hand, welches sie bis dahin in der ihren verborgen gehalten hatte. „Das ist von unserer Mutter." Ich nickte ihr dankend zu. Das Herz pochte mir bis zum Hals. Ich wagte kaum, das Päckchen zu öffnen. Lange ließ ich das goldene Amulett vor mir herpendeln und betrachtete die feine Filigranarbeit im Schein der Petroleumlampe. An einem kleinen, tropfenförmigen Gebilde hing ein herzförmiger Anhänger, dessen Mitte ein kleiner Schmetterling bildete. Am Kopf des Schmetterlings war ein hell leuchtender Türkis eingearbeitet, das Symbol der Perle gegen den bösen Blick.

Der Türkis war mein Lieblingsedelstein, türkisblau die Farbe meiner Kleidung. Ich war so gerührt. Auch Bahmans Augen glitzerten feucht. Wir wußten, diese Kette war für unser Hochzeitsfest bestimmt, aber wir wollten doch eigentlich gar nicht feiern.

6
Unter einem Dach

Am nächsten Tag machten wir uns auf den Weg nach Aliabad, dem kleinen Dorf, in dem Bahman geboren wurde. Als das Taxi von der Asphaltstraße plötzlich in einen kleinen Sandweg einbog, fand ich eine Straße vor, die ich in meiner Vorstellung schon sehr oft auf- und abgegangen war. Eine schmale Sandstraße, über die sich tunnelähnlich die Hecken rankten. Während wir im Slalom die vielen Wasserlöcher auf dem Weg umfuhren, zog das Auto eine dicke Staubspur hinter sich her. Bahman hatte mir diesen Weg oft beschrieben und er sah genauso aus, wie das Bild, welches während seiner Erzählungen immer vor meinen Augen abrollte.

Wir fuhren etwa einen Kilometer, bis wir an den Dorfplatz mit seinen zwei kleinen Teehäusern kamen, wo unter einem großen Baum die Männer ihre Geschäfte beim Tee beratschlagten, der Dorfbäckerei und dem kleinen Lebensmittelladen von Bahmans Vater. Sein Vater hatte seinen Laden geschlossen und wartete schon im Haus auf unsere Ankunft. Nur einige hundert Meter trennten das Haus vom Dorfplatz. Kaum waren wir angelangt, öffnete sich das grüne Tor der Hofmauer. Bestimmt waren wir schon von den Kindern angekündigt worden, die unserem Auto vorgeeilt waren.

Bahmans Gesichtszüge glichen sehr denen seines Vaters. Doch trug der Vater ein eigentümliches, kindliches Lächeln in seinem Gesicht, was ihm den Ausdruck von Unbesorgtheit verlieh, wogegen Bahmans Gesicht von einer gewissen Ernsthaftigkeit und Schwere gezeichnet ist.

Bis sich alle gegenseitig begrüßt hatten, dauerte es eine Weile, das ganze Haus war voller Kinder. Schnell entwickelte sich ein Chaos und die Kinder liefen schreiend, lachend und zum Teil auch weinend, kreuz und quer durch alle Zimmer. Der Lärm wurde schier unerträglich, bis wir sie schließlich alle zusammenriefen, um mit ihnen zu spielen. Es war für die Kinder eine große Attraktion, einer Ausländerin zu begegnen. „Warum spricht die Frau des Onkels so komisch?" flüsterte Sogol ihrer Mutter ins Ohr. Ihre älteren Cousins hatten gelauscht und fingen zu lachen an. Sogol verzog sich verschämt in eine Ecke. Ihrem Gesicht jedoch war anzumerken, daß sie noch lange dieser Frage nachrätselte. Ab und zu blickte sie mich verstohlen aus den Augenwinkeln an. Doch sobald sich unsere Blicke trafen, drehte sie sofort ihren Kopf nach hinten, als ob sie dadurch für mich unsichtbar würde.

In einer anderen Ecke saß ein vierjähriger Junge und barg seinen Kopf zwischen seine Knie. Mohammed war so schüchtern, daß er sich nie traute, einem Fremden ins Angesicht zu sehen. „Wenn ich mit ihm zum Einkaufen gehe, sieht er immer nur auf seine Fußspitzen", schmunzelte seine Mutter. Schützend legte er seine Arme um seinen Kopf und glich einer Schnecke, die sich in ihr Haus verkrochen hatte. Er wagte es nicht, seinen Onkel zu begrüßen. „Als Kind war ich genauso schüchtern wie Mohammed. Ich habe meinen Kopf immer so tief heruntergehalten, damit ich niemanden ins Gesicht zu sehen brauchte. Die Leute haben mich immer gelobt, weil ich so ein braver kleiner Junge war." Ich lächelte in mich hinein. Nach außen wirkte Bahman auch heute noch gerne so brav und schüchtern.

Die anderen Kinder jedoch umringten und umscharten uns ungeniert und wetteiferten um unsere Aufmerksamkeit.

Bahmans Vater hatte nach dem Tod seiner Mutter nochmals geheiratet und mit seiner zweiten Frau abermals zwei Kinder bekommen, so daß ich eine zweieinhalbjährige Schwägerin und einen einjährigen Schwager vorfand.

Das geräumige Haus des Vaters vereinte drei Generationen unter einem Dach. „Das ist das Zimmer von der Mutter meines Vaters, Mader Bozorg. Sie wird hauptsächlich von ihren Kindern versorgt, führt aber noch ihren eigenen Haushalt." Bahman wies auf eine kleine Kammer. Das halbe Zimmer war ausgefüllt mit einem gedrechselten Holzbett, auf dem die Schlafmatten und das Bettzeug aufgestapelt waren. Ein kleiner Schrank barg all ihre

Habseligkeiten. In der anderen Ecke stand ein kleiner Gasofen, auf dem sie in zwei winzigen, kleinen Töpfen ihr eigenes Essen kochte. Draußen bewirtschaftete sie einen kleinen Garten.

„Wo ist Mader Bozorg?" fragte Bahman und begrüßte den leeren Raum, wie es im Iran üblich ist. Sein Vater hob einmal kurz zur Verneinung beide Augenbrauen. „Sie ist zu meiner Schwester gegangen." Obwohl sie verheiratet war, lebte sie schon seit vielen Jahren alleine im Haus ihres ältesten Sohnes. Der Großvater, Baba Bozorg, war einst ein einflußreicher Mann im Dorf und fungierte als Bürgermeister. Mader Bozorg genoß zunächst ihr hohes Ansehen und war glücklich. Doch dann verlangte Baba Bozorg ihr Einverständnis, eine zweite Frau zu heiraten, die sehr viel jünger war als sie. Nach islamischem Recht ist es den Männern erlaubt, bis zu vier Frauen zu heiraten. Jede Frau muß aber in die weitere Heirat einwilligen, und der Mann ist verpflichtet, alle Frauen gleich zu behandeln. Aus dem letzten Grund ist die Polygamie praktisch nur den Männern vorbehalten, die finanziell in der Lage sind, mehrere Familien zu versorgen. Im heutigen Iran kommt Polygamie nur noch selten vor. Westlich orientierte Iraner betrachten die Vielehe als unmodern und die traditionell orientierten Männer sind meist so sehr damit beschäftigt, den Ansprüchen der ersten Frau und Familie gerecht zu werden, daß sie an weitere Ehen keine Gedanken mehr verschwenden.

Mader Bozorg blieb jedoch nichts anderes übrig, als der zweiten Frau zuzustimmen, denn nach islamischem Recht hatte ihr Mann sonst die Möglichkeit, sie einfach zu verstoßen. Mit schwerem Herzen willigte sie ein, beharrte aber auf ihrem Recht, daß Baba Bozorg beide Frauen gleich halten sollte. Zunächst hielt Baba Bozorg sein Versprechen, baute der zweiten Frau ebenfalls ein eigenes Haus und teilte eine Nacht mit der ersten, eine Nacht mit der zweiten Frau. Mit der Zeit entwickelte sich das Verhältnis ungleich, so daß Mader Bozorg ihren Mann nur noch jede dritte Nacht, schließlich einmal die Woche und dann nur einmal im Monat zu sehen bekam. Während die Jahre vergingen, wurden die Begegnungen der beiden so rar, daß sie im Prinzip getrennt lebten. Mader Bozorg hatte sich stillschweigend ihrem Schicksal ergeben und nach neuen Inhalten in ihrem Leben gesucht. Mit niemandem sprach sie über ihre Probleme. Es schien mir jedoch ungewöhnlich, daß sie an diesem Abend nicht da war, fast als hätte sie die Flucht ergriffen.

Bahman führte mich in das Zimmer nebenan. „Hier wohnt mein Bruder Mohsen mit seiner Familie." Fünf Personen teilten sich diesen kleinen, quadratischen Raum, der nur etwa vier mal vier Meter groß sein mochte. Ich konnte mir kaum vorstellen, wie drei kleine Kinder sich hier entwickeln sollten. Auf diesen sechzehn Quadratmetern spielte sich ihr ganzes Leben ab: Kochen, Essen Schlafen, Arbeiten, Spielen, Fernsehen. In ihrer Not hatten Mohsen und seine Frau Maroch das Problem so gelöst, daß die älteste Tochter Tahereh während der Schulzeit im Haus von Marochs Mutter lebte. Doch Mohsen und seine Familie waren alle sehr unglücklich über diese Lösung und sie fieberten dem Tag entgegen, an dem sie endlich in ihre eigenen vier Wände ziehen konnten. Seit dem Einzug der Stiefmutter waren sie auf diesen Raum zurückgedrängt worden. Zuvor hatte Maroch ein einzigartiges Verhältnis zu ihrer Schwiegermutter und hatte sie liebevoll während ihrer langwierigen Krankheit gepflegt und Haus und Hof versorgt, während sie das Bett hüten mußte. Die beiden Frauen hatten wie zwei Freundinnen miteinander gelebt und Maroch fand in ihrer Schwiegermutter eine Ratgeberin, die ihr viel Hilfe und Unterstützung gab während ihrer Schwangerschaften und bei der Erziehung der Kinder. Oft entstehen im Iran starke Konflikte zwischen der Schwiegermutter und der Braut, die beiden verhalten sich gegenseitig nicht selten wie Rivalinnen. Oft versucht die Braut, ihren Mann zu überreden, sich von seiner Mutter zu trennen, weil sie so sehr unter dem Zusammenleben leidet. Maroch dagegen litt sehr unter dem Tod der Schwiegermutter. Seitdem war für sie das ganze Haus leer, kalt und tot. Mit jedem Tag wuchsen die Probleme und Konflikte und gruben Sorgenfalten in Marochs edles, feines Gesicht mit den klassischen, orientalischen Zügen.

Der übrige Teil des Hauses, ein großes Zimmer, Küche, Empfangshalle und Salon wurde vom Vater und seiner neuen Familie bewohnt und stand unter der Domäne der Stiefmutter. Damit war der Konflikt vorprogrammiert.

„Sie ist ganz schön clever. Kaum ist sie verheiratet, setzt sie zwei Kinder in die Welt. Seit sie einen Sohn hat, ist ihr Erbteil und ihre Altersversorgung gesichert. Wie gut doch dagegen seine letzte Frau war." Die Leute im Dorf zerissen sich gerne den Mund über sie, weil sie aus den Bergen kam, aus der Gegend um Manjil, dort wo der ewige Wind tobte. Sie war zuvor schon einmal verheiratet gewesen und hatte aus ihrer ersten Ehe einen siebzehnjährigen Sohn und zwei jüngere Töchter, die sie vor ihrer neuen Familie verbarg. „Wer weiß, warum der erste Mann sich von ihr getrennt hatte. Nun kommen ihre drei Kinder, die sie von ihrem ersten Mann hat, vielleicht auch noch an. Da bleibt für die Kinder der ersten Frau nicht mehr viel übrig. Bestimmt hat sie deshalb einen Mann geheiratet, der ihr Vater sein könnte."

Bei unserer ersten Begegnung versuchte ich mich zunächst von all diesen Vorurteilen zu befreien, die sich durch die kritischen Erzählungen aus dem Dorf über sie gebildet hatten. Behäbig erhob sie sich von ihrem Platz. Sie mochte etwa einen Kopf größer sein, als mein Schwiegervater und fast doppelt so schwer. Sie war so dick, daß es ihr sichtbare Anstrengungen bereitete, ein Bein vor das andere zu setzen. Der Schweiß rann ihr über das Gesicht. Als sie mich mit ihren feuchten, klebrigen Händen umarmte und küßte, nahm ich ihren strengen Körpergeruch war. Aus der Nähe fiel mir auf, daß sie dunkelrote, gewellte Haare hatte. Ihre Haut war hell und glatt. Sie war sichtbar wesentlich jünger als ihr Mann. Wegen ihrer Körperfülle war es mir jedoch unmöglich, ihr Alter zu schätzen.

Nun stand sie hier wie ein großer Felsbrocken, der nicht mehr wegzubewegen war.

„Jeden Tag wird sie dicker und dicker, während unser Schwiegervater immer mehr ausmergelt. Nur selten kocht sie etwas. Unser Schwiegervater muß nun in seinem Alter, wenn er nach Hause kommt, Reis mit Zucker essen und sich zusätzlich nach seiner Arbeit auf dem Reisfeld oder im Geschäft um den Haushalt und die Kinder kümmern, während Mitra faul in der Ecke sitzt. Ach, wie gut hatte er es doch bei seiner ersten Frau." Maroch geriet mit Mitra in die stärksten Konflikte. Am ersten Abend beobachtete ich erstaunt, wie mein Schwiegervater auf jedem Bein ein Kind hielt, beide gleichzeitig fütterte und später zu Bett brachte. Seine Schwester hatte ihm aus Mitleid anfangs Essen gekocht und ins Haus gebracht. Maroch hatte Mitra jedoch aufmerksam beobachtet. „Heimlich hat sie den Topf in den Garten gebracht und sich gierig alleine über das Essen hergemacht."

Mein Schwiegervater beklagte sich über diese Zustände mit keinem Wort. Seine familiäre Position hatte sich vollkommen gewandelt. Während seine erste Frau ein unterdrücktes Dasein führte, ihrem Mann vollkommen gehorchte, nie an ihn irgendwelche Forderungen und Ansprüche stellte und ihm in aller Bescheidenheit sieben Kinder großzog, mußte er sich nun den Wünschen seiner zweiten Frau beugen und um ihre Gunst werben, da sie viel jünger war als er und er sich ständig fürchtete, sie zu verlieren. Er hatte diese Frau selbst gewählt und niemand wagte es, in seiner Gegenwart ein Wort über sie fallen zu lassen. Wenn er allerdings Gäste erwartete, schämte er sich, daß seine neue Frau auch beim Kochen unsauber war und bat jedesmal eine seiner Töchter, ob sie nicht zu ihm kommen könne, um Mitra bei der Essenszubereitung behilflich zu sein.

In der iranischen Kultur bemüht sich jede Familie, den Gästen das beste Essen zu bieten. Befindet sich auch nur ein Haar in der Suppe, wird oft das ganze Essen weggeworfen, weil Haare als unrein gelten. Es ist für den Gastgeber eine Schmach, wenn er den Gästen unsauberes Essen vorsetzt. In solchen Punkten wollte er sich mit seiner neuen Frau nicht bloßstellen, und schon am frühen Morgen waren zwei Töchter angereist, um gemeinsam mit Maroch das Abendessen vorzubereiten.

An jenem Abend war fast die ganze Familie vollzählig. Durch die Anwesenheit der vielen Gäste wurde die sonst triste Atmosphäre erhellt. Trotz der großen Empfangshalle war es uns unmöglich, mit allen gemeinsam zum Essen zu sitzen. Erst wurde ein Platz für die Kinder gedeckt. Als ich dann als einzige Frau gemeinsam mit den Männern essen sollte, protestierte ich. „Entweder sitze ich nur mit den Frauen zusammen oder wir sitzen alle gemeinsam am Tisch." „Nein. Deine Kultur ist anders. Du gehörst mit deinem Mann zusammen. Wir aber schämen uns, wenn wir mit den Männern gemeinam am Tisch sitzen. Wir fühlen uns dort nicht so wohl." Dennoch schickten sie zumindest Golnar und meine Schwägerin Akram zu mir an den Männertisch. So dauerte es viele Stunden, bis wir nach einem langen Tag beim Tee auf der Terrasse saßen und dem Gesang der Grillen lauschten.

„Wann wollt ihr denn eure Hochzeit feiern?" fragte Golnar ganz unvermittelt, während wir alle in der Runde zusammensaßen. Schon gestern hatte ich diese Frage erwartet. Ich spürte, wie mir die Röte ins Gesicht stieg. „Nie will ich mit großem Aufwand und mit weißem Kleid heiraten, sondern dieses Fest lieber im Stillen und im kleinen Kreis feiern", hatte ich zu Bahman gesagt und er konnte mich darin gut verstehen. Auch er war innerlich nicht auf ein Hochzeitsfest vorbereitet. Plötzlich hatten sich alle Augen erwartungsvoll auf uns geheftet. Beide blickten wir zu Boden und sahen uns verstohlen aus den Augenwinkeln an. Keiner von uns gab eine Antwort. „Mir scheint, als hätten sich deine Geschwister schon ganz darauf eingestellt, daß wir unsere Hochzeit richtig groß feiern", raunte ich Bahman leise auf Deutsch zu. „Ja. Du hast recht. Sie haben sogar schon mit den Festvorbereitungen begonnen." „Ich fürchte, jetzt gibt es kein Zurück mehr." Bahman nickte und zu unserer eigenen Überraschung beteiligten wir uns nach kurzer Zeit selbst an den Plänen für das kommende Fest.

7
Das Hammelopfer

Lange saßen wir an diesem Abend zusammen. Bevor wir zu Bett gingen, kündigte mir Mohsen an, daß er im Morgengrauen den Hammel im Stall als Opfer schlachten wollte. Das Tier sollte zur Feier unserer Ankunft geopfert werden. Für mich war diese Sitte neu. In meiner Kindheit hatte ich wohl schon oft bei Hausschlachtungen zugesehen. Ich spürte, daß das Schlachten für Mohsen ein besonderes Ritual war und bat ihn deshalb, mich zu wecken, um dabeizusein. Als er in der Dämmerung kurz nach dem ersten Hahnenschrei an unser Fenster klopfte, lag ich noch immer halbwach im Bett. Die vielen neuen Eindrücke hatten mich nicht schlafen lassen. Trotz der Müdigkeit kroch ich unter dem Moskitonetz hervor. Im Hof empfing mich die Morgendämmerung. Ich genoß die frische reine Luft und fühlte mich augenblicklich wach. Im Osten sah ich den glutroten Ball der Sonne aufgehen. Die Sterne blitzten noch blaß am Himmel auf. Mohsen wetzte das große Messer. Es entstand eine feierlich zeremonielle Atmosphäre. Wir begrüßten uns kurz und fielen in ein andächtiges Schweigen. Mit einem kurzen Gruß trat auch der Schwager Sohrab in den Hof. Bahman hatte noch nie einen Hammel geschlachtet und konnte es auch nicht mitansehen, obwohl er gerne Fleisch aß. Ich selbst mochte oft kein Fleisch essen, beim Gedanken an die Tierquälereien, Massentierhaltungen und Massenschlachtereien ekelte ich mich manchmal davor. Nachdem ich bei der Zubereitung von Wurst zugesehen hatte, rührte ich nie wieder welche an. Außerdem brachte ich es nicht über mich, das Fleisch der Tiere essen, die ich selbst gekannt und versorgt hatte.

Dieser Hammel sollte als Opfergabe geschlachtet werden, und sein Fleisch wollten wir an arme Leute verteilen. Ich sah, wie Mohsen einige Gebete vor sich hinsprach. Das Schlachten wurde als feierlicher, achtsamer Akt betrachtet. Der Hammel im Stall wurde plötzlich unruhig. Er ahnte, was auf ihn zukam. Sohrab führte ihn an der Leine heraus. Ich sah, wie er sich auf die Hinterbeine stellte. Widerwillig ließ er sich ziehen. Sohrab überstreckte seinen Nacken. Mohsen hielt das große Messer zunächst hinter seinem Rücken versteckt. Er suchte als erstes gezielt die Halsschlagader des Tieres auf. Nach einem schnellen gekonnten Schnitt sah ich das Blut strömen und der Hammel sank lautlos in sich zusammen. Die beiden ließen das Tier sauber ausbluten, wobei sie wieder einige Gebete sprachen. Erst nachdem das Tier vollständig ausgeblutet war, begannen sie, es sorgsam zu enthäuten.

Auf diese Weise war es für mich annehmbar, daß ein Tier geschlachtet wurde. Es war ein respektvolles Zeremoniell. Moslems ist es nur erlaubt, Fleisch von Tieren zu verzehren, die auf diese Art geschlachtet wurden, die als „Hallal" bezeichnet wird, was soviel wie rein bedeutet. Nach den islamischen Regeln war der Genuß von Tieren verboten, die nicht unter Anrufung von Gottes Namen und in Richtung Mekka geschlachtet worden waren. Außerdem galt das Fleisch von Erschlagenen, durch Sturz eingegangenen oder von Raubtieren getöteten Tieren als unrein, außer wenn diese noch Lebenszeichen von sich gaben und dann mit dem Messer geschlachtet wurden und sauber ausgeblutet waren. Der Prophet Mohammed hatte damals den Genuß jedweden Blutes verboten, weil er die Tiere als lebende Geschöpfe besonders liebte und achtete. Zu der damaligen Zeit war es in Arabien üblich, daß das Blut von lebenden Kamelen abgezapft wurde, um daraus Blutwurst herzustellen. Mohammed selbst hatte sich hauptsächlich vegetarisch ernährt und lebte sehr gesundheitsbewußt. Aus diesem Grund propagierte er auch den Verzicht auf Schweinefleisch, zudem es sich besonders in den heißen Gegenden als verdauungs- und gesundheitsstörend auswirkte. Das durch die Trichinen und Bandwürmer verseuchte Fleisch verursachte oft schwere Erkrankungen. Das Schwein zählt als Symbol der Unreinheit und Unordnung, weil es nicht wählerisch ist mit seiner Nahrung, auch die ekelhaftesten Abfälle frißt und es nicht selten vorkommt, daß ein Mutterschwein einen Teil seines Wurfs auffrißt.

Im Iran zählte Fleisch zu den teuren, hochgeschätzten Lebensmitteln. Der Tagelohn eines Arbeiters reichte für etwa ein Kilo Hammelfleisch. Wenn allerdings Gäste kamen, zählte es zur Tradition, daß mindestens ein Fleischgericht serviert wurde. Doch die Fleischportionen fielen nicht so riesig aus wie bei uns, wo Fleisch als Massenware zu Dumpingpreisen im Supermarkt angeboten wird.

Bis in die späten Morgenstunden saß ich dann mit den Frauen auf der Terrasse und wir zerschnitten das Fleisch in viele kleine Portionen, die wir alle sorgfältig verpackten. Dann fuhren Mohsen, Golnar und ich zu dritt auf dem Motorrad über die Sandstraße zu den vielen verstreut liegenden Häusern des Dorfes, um unsere Opfergaben zu verteilen. Zum ersten Mal begann ich, mich in Mantel und Kopftuch frei zu bewegen. Endlich hatte ich den Kniff erlernt, das Kopftuch so zu tragen, daß es nicht mehr unablässig herunterrutschte. Golnars Tschador dagegen wurde häufig vom Wind nach unten gestreift. Doch wir waren auf dem Land, und es schien sie nicht sonderlich zu stören. Hier gab es keine Revolutionswächter, die sie hätten anpöbeln können.

Als wir in das Haus des Schwiegervaters zurückkehrten, herrschte eine sonderbare Stimmung. Die Kinder spielten draußen auf dem Hof und die Männer hatten sich auf der kleinen Veranda vor der Empfangshalle versammelt. Es wirkte, als ob sie herausgescheucht worden wären. Ich sah keine von Bahmans Schwestern. Als wir in die Empfangshalle traten, saß dort ein alter Mann mit gekreuzten Beinen und stemmte seine Arme gegen den Boden, um seine schwere Atmung zu unterstützen.

Sein dunkelhäutiges Gesicht war von vielen tiefen Furchen gezeichnet. Von seiner linken Wange hing eine häßliche, längliche, gestielte Warze herab. Er hatte tiefliegende, graubraune Augen, die leicht haloniert aussahen. Sein Blick wirkte auf mich kalt, fast brutal. Ich schätze sein Alter auf weit über achtzig. Sein Körper wirkte gebrechlich, schwach und dennoch strahlte er eine große Macht und Autorität aus. Seine beiden Begleiter saßen zu seiner Linken und seiner Rechten und blickten ehrfurchtsvoll zu ihm hinauf. Bahmans Vater saß ihm gegenüber und senkte den Blick scheu vor ihm, während er mit leiser Stimme auf Nordpersisch zu ihm sprach. Ich verstand kein Wort. Es sah aus, als ob Bahmans Vater eine große Beichte ablegte. Aufmerksam hörte der alte Mann ihm zu.

Es war ihm trotz seiner jetzigen Gebrechlichkeit anzusehen, daß er früher von großer, stattlicher Statur gewesen sein mochte. Er hatte trotz seiner Hagerkeit einen grobknochigen Körperbau, unglaublich lange Arme und große Hände mit langen, feinen Fingern. Seine Hände waren erstaunlich feingliedrig für einen Mann, der sein Leben lang auf dem Land gearbeitet hatte. Trotz der Mittagshitze trug er eine alte, zerbeulte Anzugjacke, deren Ärmel ihm viel zu kurz waren. Sein Atem rasselte.

Ich spürte, wie mir ein kleiner Schauer über den Rücken lief, als ich ihn betrachtete. Er wirkte auf mich gespenstig, unnahbar. Ich versuchte, so weit wie möglich hinter Golnar zurückzubleiben. Sie ging vor, verbeugte sich ehrfurchtsvoll vor dem alten Herrn und huschte in das kleine Zimmer von Mohsen. Der alte Herr ignorierte Golnars und meine Verbeugung und hielt seinen Blick weiter gebannt auf Bahmans Vater, als seien wir Luft. Im Vorbeigehen fiel mir eine entfernte Ähnlichkeit mit der Stirnpartie von Bahman auf.

Schnell versuchte ich mich in Mohsens Zimmer zu flüchten. „Wer ist denn der alte Mann?" fragte ich neugierig. „Das ist Baba Bozorg", raunte Golnar mir zu. Erst jetzt nahm ich wahr, daß in diesem kleinen Raum sämtliche Frauen des Hauses versammelt waren, als hätten sie sich alle gemeinsam vor ihm geflüchtet. Ich wurde den Frauen aus der Nachbarschaft vorgestellt und blickte mich hilfesuchend nach Bahman um, da die meisten untereinander Nordpersisch sprachen, ein Idiom, welches sich von der Hochsprache fast so stark unterscheidet, wie das Bayrische vom Hochdeutschen.

Ich spürte die aufkommende Müdigkeit durch die schlaflose Nacht. Mein Magen knurrte, schmutzig und verschwitzt wie ich mich fühlte, galt meine Sehnsucht nichts anderem, als alleine in Ruhe in einer Ecke auszustrecken und auszuruhen.

Mir wurde schwindelig. Die Stimmen der Frauen schwirrten durcheinander. Ich hatte mich zwar bemüht und Persisch gelernt, doch kam ich in Aliabad damit nicht weit, da viele nie zur Schule gegangen waren und nur den nordpersischen Dialekt beherrschten.

In diesem Moment fehlte mir einfach die Kraft, mich auf die Frauen aus der Nachbarschaft einzustellen. Andererseits wollte ich auch nicht zu unhöflich erscheinen und mich einfach in eine Ecke zurückziehen. Doch die Frauen merkten mir meine Müdigkeit schnell an, wir begrüßten uns kurz und jemand bot mir sofort ein kühles, erfrischendes Glas Wasser an. Sie bemerkten, daß ich Bahman vermißte, und entschuldigten ihn, da er gerade im Bad war. Es war unglaublich rührend, wie Bahmans Geschwister mir jeden Wunsch von den Lippen ablasen und sich um mich kümmerten.

Wir setzten uns in eine Ecke. „Wir haben alle ohne Kopftuch draußen gesessen und haben das Mittagessen zubereitet, als Baba Bozorg auf einmal mit zwei Männern ankam", erklärten sie mir. Baba Bozorg wollte entgegen persischer Sitte allerdings nicht bis zum Mittagessen bleiben. Maroch hatte gerade ein Tablett mit vier Teegläsern zubereitet und zog sich sorgsam ihren Tschador an, um es nach draußen zu bringen. Der Großvater war ein Hadschi und eine Respektperson, so daß sie nie ohne Schleier vor sein Angesicht getreten wäre. Als Maroch zurückkam, brachte sie eine ganze Ladung Strümpfe und Tschadors aus dem Salon.

Da wurde mir klar, daß sich die Frauen aus Scham in dem kleinen Zimmer versammelt hatten, weil sie gewöhnlich, wenn sie unter sich waren, keine islamische Kleidung trugen. Nachdem Maroch die Schleier gebracht hatte, löste sich die ganze Versammlung allmählich auf und die Frauen fühlten sich wieder frei, ihrer Beschäftigung nachzugehen.

Ich war erleichtert, daß die einschlägigen Bemühungen fehlschlugen, den Großvater zu bewegen, zum Essen zu bleiben. Während seiner Gegenwart mochte ich nicht einmal in die Empfangshalle gehen, war unsicher, wie ich mich dem Großvater gegenüber zu verhalten hatte. Deshalb blieb ich alleine in Mohsens Zimmer zurück.

Der angenehme Duft von Bahmans Eau de Cologne stieg mir in die Nase. Ich schlug die Augen auf. Jemand hatte mir ein Kissen unter den Kopf gelegt. Ich mußte wohl irgendwann eingeschlafen sein. Ich spürte, daß die Mittagshitze nachgelassen hatte. Der Großvater hatte sich inzwischen verabschiedet und Bahman lud mich zu einem verspäteten Mittagessen ein.

Am Nachmittag machten wir uns auf den Weg, um die Schwester von Bahmans Vater, Ameh Sarah, zu besuchen. Ameh Sarah befand sich seit fast einem Jahr in tiefer Trauer. Ihr Sohn war angeblich von den irakischen Truppen gefangengenommen worden, doch seitdem hatte sie kein Lebenszeichen von ihm. Abend für Abend saß sie betend auf der Veranda und blickte verzweifelt auf das Portal der Hausmauer, in der Hoffnung, daß es eines Tages an dieses Tor klopfen würde und ihr geliebter Sohn zurückkehrte. Die ganze Familie und die Nachbarschaft verfolgten aufmerksam die Vermißten- und Todesmeldungen und auch die Sendungen in Radio und Fernsehen, in denen die Gefangenen die Gelegenheit hatten, sich bei ihren Familien zu melden.

Vor acht Monaten erst wurde der Cousin als vermißt gemeldet. Da es jedoch bisher keine Information gab, konnte sein Leichnam jetzt genausogut zur Unkenntlichkeit zerfetzt in irgendeinem Schützengraben liegen. Solange jedenfalls der Körper des Sohnes nicht aufgefunden wird, kommt die ganze Familie nicht zur Ruhe. Es gilt als besonders schlimm, wenn der Leichnam nicht begraben werden kann, weil die Vorstellung besteht, daß dann die Seele nicht zur Ruhe kommt.

Als wir an das Tor klopften, kam uns sofort die ganze Familie entgegengeeilt, die Frauen in schwarz gekleidet. Als sie uns vor der Tür erblickten, hellten sich ihre traurigen Gesichter flüchtig auf und sie begrüßten uns mit leiser Stimme, doch Ameh Sarahs Augen waren vom Weinen gerötet. Ihr Gesicht ähnelte den Zügen des Großvaters, ihre Mimik und ihre Gestik brachte immer wieder nur eine Stimmung zum Ausdruck, Trauer und Leid. Ihre Stimme glich einem rauchigen, leisen Schluchzen, wobei sie kaum ihre Lippen bewegte. Ihre Mundwinkel hingen tief herab. Trotz der Tatsache, daß sie eine jüngere Schwester war, schien sie um ein Vielfaches älter als mein Schwiegervater.

Als mir eine junge Frau namens Shahnaz vorgestellt wurde, die sich bisher immer im Hintergrund gehalten hatte, war ich überrascht, daß sie solch eine junge Tochter hatte.

Shahnazs helle Haut bildete einen scharfen Kontrast zu dem Schwarz ihrer Kleidung. Ihre Lippen waren tiefrot. Unter ihrem Tschador lugte ihr blauschwarzes, seidig glänzendes, gelocktes Haar hervor. Ihre dunklen, mandelförmigen Augen blickten warm. Ihr Körperbau war sehr grazil, doch so knochig, daß sie fast drohte, durchzubrechen. Sie hatte etwas von der Transparenz einer Magersüchtigen. Shahnaz war nun seit einem Jahr mitgefangen in der tiefen Trauer, die über dem Haus lag. Sie war im heiratsfähigen Alter, aber in dieser Situation stand ihr ganzes Leben hinter der Sorge um ihren Bruder zurück. Seit sie die Schule verlassen hatte, führte sie den Haushalt der Mutter und sah nichts anderes, als Trauer und Leere.

Das neu gebaute Haus, welches noch nicht verputzt war, wirkte in seinem grauen Zustand wie eine große Grabstätte. Als wir über den großen Hof gingen, war nur das Knirschen der Kiesel unter unseren Schuhen zu vernehmen. Wir schwiegen alle betreten, der Stimmung bei einer Beerdigungsprozession nicht unähnlich.

Auf der Veranda saß eine alte Frau alleine auf dem dort ausgebreiteten dunkelgrauen Teppich. Es gelang ihr nur mühsam, vom Boden aufzustehen. Sie war nicht in der Lage gewesen, die anderen bis zur Tür zu begleiten. „Das ist Mader Bozorg", flüsterte Bahman mir zu.

Ihr Rücken war vom feuchten Klima und den vielen Jahren harter Landarbeit derartig gekrümmt, daß es ihr nicht möglich war, sich aufzurichten. Sie mußte den Kopf in den Nacken werfen, um jemanden anschauen zu können. Beim Gehen stützte sie eine Hand auf den Rücken, um die Schmerzen zu lindern.

Ihre Augen waren von dicken Tränensäcken umrändert. Sie glitzerten feucht vor Tränen und wirkten ganz im Gegensatz zu ihrem gebrechlichen Körper jugendlich. Wir begrüßten uns nur kurz; eine merkwürdige, voreingenommene Distanz lag von Anfang an zwischen uns.

Ich spürte meine Enttäuschung über diese Kühle, doch Bahman hatte mich schon vorher gewarnt. „Meine Großmutter mag uns nicht so gerne. Bei uns ist das so üblich, daß sich die Großmütter mehr zu den Kindern ihrer Tochter hingezogen fühlte."

Der Schwiegertochter haftete gewöhnlich das Bild eines Eindringlings in die Familie an, die den Sohn wegnahm, und so empfand sie ihre Kinder nicht so stark ihr zugehörig, wie diejenigen, die von ihrer Tochter geboren wurden. Auch im Iran werden im Prinzip die Kinder gefühlsmäßig eher der Mutter zugeordnet. Das islamische Gesetz hingegen schreibt die Kinder prinzipiell dem Vater zu.

In der Realität des Lebensalltags war die Verbundenheit der Kinder mit der Mutter besonders in der iranischen Familie gewöhnlich viel ausgeprägter; war doch vorwiegend die Mutter alleine mit der Aufgabe der Kindererziehung betraut, während der Vater eher durch Abwesenheit glänzte.

Ameh Sarah war diejenige, die sich die Augen aus dem Kopf heulte, seit ihr Sohn als vermißt galt. Ihr Mann konnte trotz der tiefen Trauer weiterhin die Familie versorgen, den Hausbau fortführen und seiner Arbeit auf den Reisfeldern nachgehen. Ameh Sarah dagegen war in eine tiefe Depression verfallen. Oft war ihr klagendes Schluchzen tage- und nächtelang ohne Unterlaß zu vernehmen. Schreiend rannte sie manchmal im Zimmer umher und drückte das Bild ihres Sohnes an ihre Brust. Auch vor unserer Ankunft mußten die Frauen auf der Veranda beim Bohnenpellen alle weinend im Kreis gesessen haben, wie ihre geröteten Augen unschwer verrieten.

Seit dem Kriegsausbruch war der Tod Alltag im Iran. Die anonymen Zahlen von Toten und Verwundeten, die ständig über den Äther rieselten, gehörten zur Normalität. An den meisten Türen hing irgendwo das Bild eines Märtyrers aus der Familie. Die Mütter trugen bis zu ihrem Lebensende oft schwarze Kleider, wenn eines ihrer Kinder verstorben war. Jetzt war der Tod täglicher Gast. Schwarz wurde die Farbe des Alltags, Trauer die Grundstimmung der Menschen.

Die Männer hatten am anderen Ende der Veranda zum Tee Platz genommen. Nachdem Männer und Frauen wieder in ihren voneinander getrennten Ecken saßen, herrschte zunächst betretenes Schweigen. Nur Ameh Sarahs Weinen war zu vernehmen. Seit fast einem Jahr war das Leben im Haus stehengeblieben. Der Besuch schien mir Ewigkeiten zu dauern. Als dann die Frauen begannen, sich auf Nordpersisch zu unterhalten, konnte ich leider ihrem Gespräch nicht einmal folgen. Mein Entschluß, Nordpersisch zumindest verstehen zu lernen, war gefaßt, sonst hatte ich in Aliabad keine Chance, die Menschen verstehen zu können. Mit diesem Vorsatz gestärkt, konnte ich wieder aufmerksam dem fremden Sprachfluß lauschen. Die Zeit rannte nur so dahin und ich fühlte mich wieder miteinbezogen.

Am nächsten Morgen fuhren wir erneut über das Land, um den Rest der Opfergaben zu verteilen. Von weitem sahen wir, wie sich eine Hoftür öffnete und ein Hammel herausgezerrt wurde. Als wir näher kamen, hatten sie dem Tier schon die Kehle durchgeschnitten und sein Blut versickerte im Sand. Der Mann, der den Hammel geschlachtet hatte, begrüßte uns sehr herzlich und es stellte sich heraus, daß er ein Onkel von Bahman war, obwohl er wesentlich jünger war. Wir standen vor dem Haus des Großvaters und wurden hereingebeten. Als ich seine zweite Frau kennenlernte, wurde mir klar, daß der Großvater sich in einer ähnlichen Position befand, wie Bahmans Vater. Auch sie war sehr stämmig, kräftig und resolut. Ihr galt nun der Ehrentitel Hadsch-Khanoum, da sie an der Mekkareise teilgenommen hatte, zu deren Ehren das Tier gerade geopfert wurde.

Deutlich war erkennbar, daß sie im Haus das Regiment führte. Der Großvater versuchte, ihr jeden Wunsch zu erfüllen. Irgendwie hatte sie eine temperamentvolle, lebhafte Art, so daß wir nach ein paar Minuten zusammensaßen und übereinander lachten und scherzten. Sie war ganz in weiß gekleidet. Ihr braunes Gesicht war von unzähligen feinen Lachfalten überzogen. Ihre Körperhaltung war außergewöhnlich gerade und selbstbewußt.

Ich fand es sehr auffallend, wie gegensätzlich diese beiden Frauen des Großvaters waren. Die erste klein, gehorsam, zurückhaltend, von der Arbeit gebeugt, mit tiefen Tränensäcken unter den Augen, still ihr Leiden erduldend, in ihrer kleinen Kammer im Haus ihres Sohnes, da ihr ehemaliges Haus inzwischen längst verfallen war, während die zweite in einem neuen, geräumigen Haus mit einem mittelgroßen Bauernhof lebte.

In der Zeit, in welcher der Großvater mit seiner ersten Frau zusammenlebte, galt er im Dorf als Tyrann. Als Bürgermeister reichte sein Einfluß bis weit über die Grenzen des Dorfes hinaus. Um seine Macht zu festigen, schreckte er selbst vor den schlimmsten Greueltaten nicht zurück. Er hatte seine Leute, die für ihn kämpften und in seinem Namen Gewalt ausübten. Als er seine zweite Frau kennenlernte, wurde er allmählich immer sanfter, zog sich aus dem öffentlichen Leben zurück und wurde zum Pantoffelhelden. Mochte diese Entwicklung auch mit dem Alter des Großvaters zusammenhängen, so glaube ich doch, daß die Persönlichkeit und Stärke seiner zweiten Frau an dieser Veränderung nicht unbeteiligt waren. Die Begegnung mit dieser lustigen, strahlenden Frau hatte auch mir gutgetan, und ich freute mich auf den nächsten Besuch.

Eine ganz andere Stimmung erlebte ich an jenem Nachmittag auf einem Hochzeitsfest. Die meisten Frauen erschienen im schwarzen Tschador. Tanzen und lautes Lachen war verboten. Abgesehen davon, daß sich ein kleiner Teil der Männer diesem Verbot widersetzte und in einer Ecke versteckt zu den Rhythmen eines Tombak, einer kleinen persischen Trommel, tanzten, unterschied sich das Hochzeitsfest nicht von einer großen Beerdigung, wie ich sie in deutschen Dörfern erlebt hatte.

Die Braut war fast bis zur Unkenntlichkeit geschminkt. In ihrem Gesicht stand eine große Trauer, sie hielt ihren Blick auf den Boden geheftet und ihre Mundwinkel verzogen sich wie bei einem leichten Weinen.

„Sie sieht nicht gerade glücklich aus", meinte ich zu Bahman. „Sie nimmt heute von ihrem Elternhaus Abschied. Bei uns sind die Frauen meistens am Tag ihrer Hochzeit traurig." Auch der junge Bräutigam, der in der glühenden Hitze des Nachmittags in einem Anzugjackett schwitzte, machte einen sehr ernsten Eindruck. Die einzige Abwechslung auf dem Fest boten die buntgekleideten Kinder, die sich in ihrem Spiel ungezwungen durch die dunkelgekleidete Menge bewegten.

Natürlich geriet ich in Zwiespalt zu unserem eigenen Fest, das die Verwandtschaft und die Dorfbewohner erwarteten, besonders weil Bahman durch seinen langen Auslandsaufenthalt eine ganz eigene Rolle im Dorf innehatte, und nicht zuletzt spielte die Tatsache eine Rolle, daß zum erstenmal jemand eine Europäerin in das Dorf mitbrachte. Es gab bisher nur einen Fremden in Aliabad, einen pakistanischen Arzt, der alleinstehend war.

Aber ein Zurück gab es nicht mehr. Die Tage vergingen und schon befanden wir uns auf dem Weg zurück nach Teheran, um unsere Hochzeit vorzubereiten, die ich mir so ganz anders wünschte.

8
Madame und der Boulevard

Während der alte, weiße Mercedes mit uns über die bucklige Landstraße rollte, zogen meine Gedanken zurück aufs Land. Wir waren uns alle schnell vertraut geworden. „Bei uns gibt es ein altes Sprichwort: An einem Tag dürfen tausend Leute das Haus betreten, aber niemand darf es verlassen.“ In Bahmans Zitat fand die iranische Gastfreundschaft ein treffendes Bild.

Doch ich freute mich schon auf die Rückkehr nach Bandar Anzali. Meine Gedanken kreisten um „Madame“, eine alte, russische Dame aus Baku, die inzwischen aus Bandar Anzali nicht mehr wegzudenken war und eine Institution darstellte. Am sogenannten Maidan-e-bozorg, dem größten Verteilerkreis von Bandar Anzali, betrieb sie seit fünfzig Jahren ihr kleines Café. Üblicherweise wird im Iran nur Tee getrunken und ich erfuhr zum erstenmal, daß es außerhalb der Großstädte auch Cafés gab. Dieses Café war so außergewöhnlich wie „Madame“ selbst. In iranischen Teehäusern und Restaurants gibt es für die Frauen eine gesonderte Abteilung, zu der Männer nur in Begleitung ihrer Ehefrau zugelassen werden. Es widerstrebt den iranischen Vorstellungen über die Sittlichkeit, wenn unverheiratete Männer mit Frauen in öffentlichen Lokalen Kontakt aufnehmen können.

„Madame“, wie die originelle Russin respektvoll von den Einwohnern bezeichnet wurde, hob dieses Tabu in ihrem Café auf. Dafür erteilte sie ein anderes Verbot, welches im iranischen Alltag höchst ungewöhnlich war, sie ließ es nicht zu, daß jemand in ihren Räumen rauchte.

Die Hauptattraktion an ihrem Café war jedoch nicht ihr original türkischer Mokka, sondern die besondere Gabe von „Madame“ ihren Gästen aus dem Kaffeesatz die Zukunft vorauszusagen.

Die kleine, zierliche weißgelockte Dame mit den blitzenden, stahlblauen Augen besaß eine magische Anziehungskraft insbesondere auf Frauen, die deshalb oft mehr als tausend Kilometer weit fuhren, um sie zu sehen. Mit ihrer geheimnisvollen, theatralischen Stimme und dem russischen Akzent prophezeite sie, natürlich auf Nordpersisch, ihren Gästen meist nur positive Dinge.

„Madame" hatte einen Blick für die Menschen. Sie war mit ihrem lange verstorbenen Mann rund um die Welt gereist, bevor sie sich in Bandar Anzali niedergelassen hatten. Damals hatte das Paar in der Stadt eine Kirche und eine Schule errichtet. „Madame" mochte die Mullahs nicht. „Alles haben sie mir genommen. Die Kirche haben sie kaputtgemacht und die Schule haben sie in eine Moschee verwandelt. Ich habe alles verloren. Das Café ist nur gemietet. Nicht einmal eine eigene Toilette habe ich. Ich kann nicht sicher sein, daß sie meinen Laden nicht auch noch besetzen, wenn ich ihn verlasse." Madames Stimme bebte. Sie sah Bahman vorwurfsvoll an. „Warum hast du sie in ein solches Land mitgenommen, in dem man nicht frei ein- und ausatmen kann?" Obwohl ich freiwillig hier war, als Gast, der die Perspektive unter dem Schleier kennenlernen wollte, konnte ich ihre Verwunderung gut nachempfinden.

Ich fühlte mich in ihrem Café wie in einer Oase der Freiheit. Madame hielt sich nicht an die islamische Kleidervorschrift, trug nicht den sogenannten „Hejab". Unter ihrem Kopftuch lugte ihr gelockter, weißer Haarschopf hervor. Ihr einfaches, braunes Kleid war nicht von einem Mantel bedeckt. Eigentlich mußte Madame gut verdienen; wenn wir an ihrem Café vorbeikamen, war es immer gut besetzt. Zudem ließ sie sich das Wahrsagen gut bezahlen. Ein Leichtes mußte es für sie sein, dem Ärger mit den Mullahs zu entfliehen. Warum sie, als Fremde, gerade hier ihre Lebensenergie versprühte, blieb mir ein Geheimnis. Diese funkelnden Augen fürchteten sich nicht vor den Pasdaran. „Wenn sie zu mir kommen, zupfe ich sie an ihren Barthaaren." Sie faßte Mohsen an seine Stoppeln. „Ihr lieben Jungen, seit fünfzig Jahren lebe ich hier, habe eine Schule aufgebaut, ihr habt sie in eine Moschee verwandelt und was habt ihr jetzt aufzuweisen? Was wollt ihr von mir?"

Als wir Madame fragten, ob sie keine Angst hätte, ohne Hejab herumzulaufen, lachte sie laut auf. „Diese kleinen Jungen sollen doch nur kommen. Na und...", dabei stellte sie ein Bein auf einen freiwerdenden Stuhl und hob ihren Rocksaum hoch, so daß ihre hellen Nylonstrümpfe sichtbar wurden, „dann mache ich eben so."

In ihrer provokativen Art konnte ihr niemand etwas anhaben. Sie genoß Narrenfreiheit. Mit Stolz zeigte sie mir die Zeitungsausschnitte der ausländischen Reporter, die vor der Revolution ihr Café besucht hatten. Ihr Ruf reichte von Amerika bis nach Australien.

Schließlich ließen auch wir uns von ihr aus dem Kaffeesatz lesen. „Euch steht innerhalb der nächsten drei Wochen bis drei Monate eine Reise mit dem Flugzeug bevor." Es war wohl kein großes Kunststück darauf zu kommen. In manchen Wahrsagungen lag sie allerdings verblüffend richtig. „Du hast bald eine Hochzeit vor dir", bemerkte sie zu Rassoul, der unter dem Tisch mit seinen Fingern schnippte. Er befand sich in der Tat mitten in den Hochzeitsvorbereitungen. „Du wirst bald viel Geld verlieren", bedauerte sie Mohsen. Dieses konnte ich mir kaum vorstellen, da Mohsen wenig zu verlieren hatte. „Ihr werdet bald viel Geld geschenkt bekommen", verkündete sie Bahman. Später sollte es sich genau umgedreht entwickeln.

Und mir prophezeite sie: „Du bist ein glücklicher Mensch. Überall, wo dein Fuß die Erde betritt, wird es grün, selbst wenn der Boden zuvor trocken und unfruchtbar war." Madame strich mir dabei über das Gesicht.

Als wir sie ein zweites Mal besuchten, begann sie gerade einem jungen Mann die Zukunft vorauszusagen: „Sie sind ein glücklicher Mensch. Überall wo Ihr Fuß die Erde betritt, wird es grün, selbst wenn..."

Auch wenn ich mich nicht auf die Wahrsagungen von Madame verlassen würde, so bewunderte ich doch ihre Energie und ihren Humor. Die gelöste, freizügige Atmosphäre in Madames Café ließ sich nicht so leicht auslöschen wie die des Boulevard von Bandar Anzali. Zu Zeiten des Schahs war dieser Ort, der damals Bandar Pahlawi hieß und erst durch die Revolution in seine ursprüngliche Bezeichnung zurückgeführt wurde, ein beliebter Ferienort, an dem sich während der Sommerferien die Teheraner und andere am Kaspischen Meer tummelten, um vor der brütenden Hitze der Stadt zu fliehen. Außerdem war die kleine Hafenstadt mit ihrer aparten Strandpromenade, genannt Boulevard, ein beliebtes Ziel ausländischer Touristen. Auf dem Boulevard spielte sich damals das Leben der Stadt ab.

Bahman hatte mir oft von den schönen Sommerabenden erzählt, an denen er sich mit seinen Schulaufgaben auf die Parkbänke zwischen den duftenden Bäumen und Sträuchern zurückgezogen hatte und auf die im Grünen versteckten Liebespärchen blickte, während er mit seinen Klassenkameraden den Lehrstoff zitierte. Diese in der Erinnerung blühende Oase war nicht mehr vorzufinden. Die Pasdaran hatten die ganze Anlage verwüstet und sämtliche Gewächse aus dem Boden herausgerissen, damit sich in ihnen kein Liebespaar mehr vor der Öffentlichkeit verstecken konnte. Übrig blieb der kahle, nackte Boden, auf dessen Braun die Frauen in ihren schwarzen Trauerschleiern wie Pinguine ohne Schnee aussahen, während sie im Kreis saßen und an Sonnenblumenkörnern kauten.

In dieser Umgebung erschien es selbst mir als etwas Außergewöhnliches, als ein Liebespaar es wagte, Hand in Hand über den kahlen, zertrampelten Boden zu gehen.

Ein ehemaliger kleiner Zirkus mit Gauklern war abgebaut worden. Die Musik war verstummt. Die Essensstände mit den frisch gegrillten Maiskolben, den gekochten dicken braunen Pferdebohnen, den mit der Schale gerösteten Sonnenblumenkernen und der klebrigen Zuckerwatte waren noch übriggeblieben und erinnerten an die Stimmung längst vergangener Zeiten. Auch der kleine Rummelplatz existierte noch. Ein altes rostiges Riesenrad, dessen Farben längst abgeblättert waren, lockte die Kinder. Als wir uns näherten, bemerkten wir, daß die Fahrzeuge des Kinderkarussels aus kleinen Kriegspanzern bestanden. Ein Schauer lief mir über den Rücken, als ich sah, wie sehr die Kinder dieses makabre Spielzeug liebten.

Der ganze Strand war völlig heruntergekommen. Die meisten Vermieter der kleinen Strandhäuser hatten ihren Beruf aufgegeben und die strohgedeckten Hütten begannen langsam zu verwittern; die Gebäude verfielen. Der einzige neue Bau an diesem Strand bestand aus einer langen Mauer, die sich etwa einhundert Meter bis ins Meer hineinzog. „Warum ist diese Mauer so weit ins Wasser gebaut?" „Eine Kopie der chinesischen Mauer", meinte Golnar, gab aber keine weiteren Erklärungen. Auch Bahman war der Zweck dieses eigenartigen Bauwerks nicht einsichtig.

Ein Geländewagen der Revolutionswächter fuhr an uns vorbei. Automatisch kontrollierte ich, ob meine Kleidung den Vorschriften entsprach. Ich sah, daß das Auto an der Ecke der Mauer anhielt, an der sich ein kleiner, mit einem graubraunen Leinentuch verhangener Eingang befand. Von weitem war der Kontrollposten an der Ecke zunächst nicht sichtbar, weil seine graubraune Kleidung sich nicht von der Farbe des Sackleinens abhob. Ein Mann näherte sich dem Pasdar mit einem bunten Badetuch in seiner Hand, zeigte ihm den Inhalt, den er in sein Tuch gewickelt hatte, und verschwand hinter dem Vorhang. Da ging Bahman ein Licht auf. „Das ist der Männerstrand. Diese Mauer ist dazu da, daß die Männer ungestört baden können." „Gibt es denn keinen Frauenstrand?" Golnar zog ihre Stirn kraus. „Doch. Aber der ist drei Kilometer weiter und sehr verkommen." Ich schaute entsetzt auf den Unrat, in dem wir uns befanden. Überall lag der Abfall verstreut und es roch streng. Bei dem Gedanken daran, daß es an dem Frauenstrand vielleicht noch verlotterter war, verging mir die Lust auf die Badefreuden.

Gleich hinter dem Männerstrand gingen die Frauen trotzdem ins Wasser. Bahman hatte mich schon darauf vorbereitet, aber dennoch rieb ich mir die Augen, war ich auf solch einen Anblick doch nicht gefaßt. Hier gingen die Frauen mit voller islamischer Bedeckung ins Wasser. Wenn sie aus den Wellen stiegen, malten sich ihre Körper und ihre Konturen unter dem nassen Tschador ab. Es war ein Bild, welches an Erotik jeden FKK Strand übertraf. Hier hatten die Frauen die islamischen Regeln ad absurdum geführt. Niemand konnte ihnen etwas anhaben, denn sie brachten es fertig, so ins Wasser zu gehen, daß nicht einmal der Schleier verrutschte und ihren Haaransatz zeigte. Im Hintergrund patrouillierten die Geländewagen der Pasdaran und lauerten auf einen Anlaß zum Einsatz, doch niemand bot ihnen Handhabe. Mir fiel ein Vers aus dem Diwan ein, dem Buch der Vierzeiler:

Ein Anlitz perlwangig, zuckermündig,
Verbirgt es seine Schönheit, das ist sündig.
Der Schleier ist unnütz nicht im allgemeinen,
Er deckt die Häßlichen und zeigt die Feinen.[4]

Ich genoß das Schalkhafte der Situation und lächelte über die versteinert grimmige Miene des Revolutionswächters.

Ähnliches hatte eine Fernsehreportage gezeigt: Iranische Frauen bretterten auf einer von Männern getrennten Skipiste in voller islamischer Kluft die Hänge des Elboursgebirges hinunter. Es war der kleine, unerbittliche Kampf der Frauen um die Freuden des Lebens, in einer Zeit, in der draußen der große unerbittliche Kampf der Männer um die Macht tobte.

Viele Strapazen und Demütigungen hatte ich auf mich genommen, um Bahmans Heimat kennenzulernen. Jetzt befanden wir uns auf dem Boden, auf dem er seine Schulzeit verbracht hatte. Aber wo war seine Heimat?

Der Iran hatte sich vollkommen verwandelt. Bahman fühlte sich fremd in seiner Heimat, doch ebensowenig wurde ihm die Fremde zur Heimat. Er befand sich zwischen den beiden Welten wie ein Rohr im Wind entwurzelt. Ich hatte von Bahman einmal eine mexikanische Bromelie geschenkt bekommen. Diese südamerikanische Pflanze erinnerte mich sehr an ihn. Das Gewächs besaß die Eigenschaft, ohne Erde auszukommen. Die Bromelie sog ihre Nährstoffe und ihr Wasser aus der Luft und heftete sich in der Natur oft an Steine an. Sie selbst besaß keine Wurzeln. Vielleicht brauchte Bahman auch einen Stein. Ein Stein läßt sich nicht so leicht umgraben wie der Boden.

Als der Schah im Januar 1979 gestürzt wurde und den Iran verlassen mußte, bat er mit Tränen in den Augen um eine Handvoll Erde.

---

[4] ebd. S. 46.

Bahman hatte zufällig im Sommer des gleichen Jahres durch eine fehlende Information den Einschreibetermin an der Universität versäumt. Da er insgeheim schon lange davon geträumt hatte, im Ausland zu studieren, verließ er seine Heimat mit dem Gedanken, nach seinem Studium wieder zurückzukehren. Jetzt stand er hier, an diesem verlotterten, stinkigen Strand und starrte stumm, mit traurigem Blick auf die graue Betonmauer. Seine Brauen waren zusammenzogen und eine Zornfalte hatte sich während der letzten Tage immer deutlicher und tiefer in seine Stirn eingegraben. Sein Lächeln war verschwunden, der Trauer gewichen. Schwermütig hob Bahman einen Kieselstein vom Strand auf, um das Spiel seiner Jugend zu wiederholen. Er versuchte, den Stein so flach ins Wasser zu werfen, daß er fünfmal danach wieder aufprallte. Seine Hand war schwerfällig und kraftlos, gelähmt von der Melancholie, die ihn dabei überkam. Der Stein schnitt die Wasseroberfläche dreimal.

Sein Neffe Kambis ahmte ihm nach. Ihm war das Spiel mit den Steinen vertraut. Mit Leichtigkeit platschte sein Stein genau fünfmal auf und ein zufriedenes Grinsen huschte über sein Gesicht. Er war acht Jahre alt, so alt wie der Krieg. Er hatte nie Blumen an diesem Strand gesehen und kannte den Boulevard nur mit einem Panzerkarussel und verrostetem Riesenrad.

Auch ich konnte keinen Vergleich mit der Vergangenheit ziehen. Bekannt war mir nur, daß es vorher statt der Revolutionswächter die Savak gab, die Geheimpolizei des Schahs. Ob es wirklich vorher im Iran soviel besser war? Oder war es die Verherrlichung und Glorifizierung der guten, alten Zeiten?

9
Der goldene Käfig

Der Wind säuselte in meinen Ohren. Ich schmeckte Staub in meinem Mund. Unweigerlich öffnete ich die Augen und kehrte in die Realität zurück. Ich hatte für eine Weile die Augen geschlossen und die Gedanken treiben lassen. Inzwischen kämpfte sich der weiße Mercedes schon durch die Windböen von Manjil, der Gegend, aus der meine Stiefschwiegermutter kam.

Die Großstadtmetropole empfing uns mit ihrem stickigen Dunst und Smog. Zu unseren Hochzeitsvorbereitungen zählte es nicht nur, die passende Kleidung auszuwählen, sondern auch, die in Teheran wohnende Verwandschaft einzuladen. Aus diesem Grund besuchten wir den Bruder von Bahmans Vater, Amu Hussein. Während seiner Kindheit war Bahman in seinem Haus ein- und ausgegangen, denn er war mit dem gleichaltrigen Cousin Sharam eng befreundet gewesen.

Zwei Stunden quälten wir uns durch den Verkehr und reisten wie durch zwei verschiedene Länder. Zunächst sahen wir edle Gebäude, Banken, internationale Fluggesellschaften, teure Hotels, schicke, supermoderne Läden, gepflegte Parkanlagen, dekorative bis kitschige Maidane, Frauen in modischen Mänteln, grelleuchtende Neonreklamen, zum Teil in lateinischen Druckbuchstaben wie in der westlichen Konsumgesellschaft.

Dann gelangten wir in schmälere Straßen mit angrenzenden kleinen Gassen und Winkeln, Sandsteinmauern; Tür an Tür kleideten heruntergekommene, verrostete Eisenrolläden die Schaufenster der kleinen Geschäfte, die billigen Ramsch und Waren aus zweiter Hand verkauften. Hier sah man kaum Frauen in Mantel und Kopftuch, im schwarzen Tschador warteten sie in langen Schlangen vor den Brotläden. Wir konnten nur langsam fahren, da sich am Straßenrand die Menschen drängten. Hagere Männer in zerlumpten, verschwitzten Kleidern, deren ausgemergelte Gesichter von Armut und Leiden gezeichnet waren, arbeiteten als Lastenträger und zogen schwere Karren hinter sich her. Ihre Füße waren mit zerschlissenen Badeschlappen bedeckt.

Vor uns ließ sich ein Mullah im Mercedes chauffieren, dem ein Mann mit seinem Eselskarren ehrfurchtsvoll auswich. Dieser Mullah sollte eigentlich für ihn sprechen, sollte ein Vertreter der Stimme des Volkes sein.

Die Menschen im Süden der Stadt Teheran hatten große Hoffnung in diese Revolution gesetzt. Acht Jahre waren seit dem Regierungswechsel vergangen und noch immer setzten die Armen und die Gläubigen ihr Vertrauen in die Mullahs.

Im Norden der Stadt stand das Haus von Amu Hussein. Zu Beginn der Revolution hatte er das Haus eines ehemaligen Schahanhängers erworben und war aus dem Süden hierhergezogen.

Wir wurden sehr freundlich und mit sehr viel Gastfreundschaft im Haus des Onkels empfangen. Amu Husseins Erscheinung war so, wie ich die Orientalen aus meinen Bilderbüchern aus der Kindheit kannte. Er hatte eine große, bogenförmige Nase, war etwas untersetzt und trug einen weiten Pyjama.

In seinem Haus mußten die Frauen verschleiert herumlaufen. Die drei eingehüllten vermummten Frauen, Ehefrau, Tochter und Schwiegertochter, kamen mir vor wie im goldenen Käfig. Vom Gesicht seiner Tochter war außer einer dicken Brille und einer großen Zahnspange kaum etwas zu erkennen. Von Bildern her kannte ich sie als eine ausgesprochene Schönheit mit langen, schwarzen Haaren, die bis auf ihre Hüften herabhingen. In einem späteren Gespräch wagte sie es, ihrer Cousine Mahtab ihr Leid zu klagen. Wie konnte seine Frau mit ihren gutherzigen, warmen Augen diese Schikane zulassen? Warum wehrten sich diese Frauen nicht, sondern ergaben sich still ihrem Schicksal?

Bahman hatte mir zuvor erklärt, daß auch ich im Haus des Onkels mein Kopftuch anbehalten sollte, den Mantel aber getrost ablegen könnte. Mahtab und ich hatten dem Onkel ein Schnippchen geschlagen. Als er uns anbot, unsere Mäntel auszuziehen, traten unsere nackten Arme zum Vorschein. In diesem Moment war es für den Onkel schon zu spät, sein Angebot zurückzuziehen.

Amu Hussein war ein überzeugter Moslem. Sein Herz schlug im Takt der Revolution. Für ihn vertrat der Staat die Religon. „Seit der Revolution geht es den Menschen viel besser." Für ihn persönlich mochte seine Behauptung zutreffen. Seitdem lebte in noch größerem Überfluß, stapelte sich eine weitere Lage wertvoller Teppiche über die ohnehin schon bestehende doppelte Schicht in den oberen Gemächern, während andere wertvolle Stücke noch oder schon wieder aufgerollt im Zimmer herumstanden. Amu Hussein war, ebenso wie Hadschi Hussein, der Mann von Ameh Ashraf, als einfacher Reisbauer nach Teheran gereist und hatte sich in der Stadt emporgearbeitet. Zunächst vergötterte er eine andere Macht, das Geld. Um Geld anzuhäufen, verzichtete er auf alles, auf Essen und Trinken, auf Freundschaft und Freude. Seine ganze Familie mußte unter der Knechtschaft des Geldes mitleiden. Nachdem er sich seelisch damit fast zugrunde gerichtet hatte, fand er immer stärkeren Rückhalt in der Religion. Seitdem lernte er zu leben, etwas von dem Geld auszugeben. Nur eines hatte er bisher nie gelernt, das Almosengeben. Er führte in seinem Geist genau Buch über jeden Pfennig, den er ausgab und erwartete eine Gegenleistung dafür. Trotz seiner Frömmigkeit, die sich darin ausdrückte, daß er oft und gerne statt fünfmal täglich bis zu zehnmal betete, wirkte er auf mich mehr wie ein kapitalistischer Unternehmer.

Ich fühlte mich sehr unwohl; als wir an der reichhaltigen Reistafel saßen, brachte ich fast keinen Bissen herunter. Ich beobachtete die Frauen, wie sie stumm mit einer Hand den Schleier zuhielten und mit der anderen das Hähnchen abtrennten. Sie hatten eine erstaunliche einhändige Geschicklichkeit entwickelt.

Anschließend nahmen wir auf den modernen, europäischen Sitzmöbeln im großen Salon Platz. In diesem Raum, der, außer wenn Gäste kamen, nicht von der Familie genutzt wurde, kam es schnell zur unweigerlichen Debatte zwischen Amu Hussein und mir.

Aus der anfänglichen politischen Diskussion über Säkularisation gerieten wir in einen Disput über die Funktion der Verschleierung der Frau. „Die Augen der Männer sind schwach. Die Frauen sollen den Tschador tragen, damit die Männer durch ihren Anblick nicht zur Sünde verführt werden."

„Wenn die Männer so schwach sind, dann hilft selbst der größte Schleier nichts, denn selbst im Tschador bieten manche Frauen einen so verführerischen Anblick, daß der willensschwache Mann ihrer Anziehungskraft erliegt. Um dieses Problem wahrhaft zu lösen, muß man den Männern die Augen zubinden und darf nicht den Blickwinkel der Frauen einschränken, damit sie sich ausreichend vor dem gierigen Geschlecht zu schützen wissen."

Amu Hussein verstummte. Ich sah, wie die Röte in seinem Gesicht aufstieg. Es herrschte peinliche Stille. Niemand entgegnete etwas. Parvis, der zweite Sohn des Onkels, arbeitete zur Zeit als Pasdar. Er hätte mich jetzt auf der Stelle verhaften lassen können.

Lange hatte sich die Wut über die willkürlichen Interpretationen des Koran in mir aufgestaut. Leider war ich nicht in der Lage, die arabische Version des heiligen Buches zu verstehen. Falls die Übersetzung des Korans in die deutsche Sprache den Inhalt nicht zerstört hat, dann steht in der 24. Sure:

„30. Sprich zu den Gläubigen, daß sie ihre Blicke zu Boden schlagen und ihre Scham hüten. Das ist reiner für sie. Siehe, Allah kennt ihr Tun.
31. Und sprich zu den gläubigen Frauen, daß sie ihre Blicke niederschlagen und ihre Scham hüten und daß sie nicht ihre Reize zur Schau tragen, es sei denn, was außen ist, und daß sie ihren Schleier über ihren Busen schlagen und ihre Reize nur ihren Ehegatten zeigen oder ihren Vätern oder den Vätern ihrer Ehegatten oder ihren Söhnen oder den Söhnen ihrer Ehegatten oder ihren Brüdern oder den Söhnen ihrer Brüder oder den Söhnen ihrer Schwestern oder ihren Frauen oder denen, die ihre Rechte besitzt, oder ihren Dienern, die keinen Trieb haben, oder Kindern, welche die Blöße der Frauen nicht beachten. Und sie sollen nicht ihre Füße zusammenschlagen, damit nicht ihre verborgene Zierat be-

kannt wird. Und bekehrt euch zu Allah allzumal, O ihr Gläubigen; vielleicht ergeht es euch wohl.[5]

Wenn sich auch die Männer in dieser Form selten zu Allah bekehrten und ihren Blick senkten, so bekehrte ich mich in diesem Moment des peinlichen Schweigens wieder zur Raison. Ich wollte meine Gastgeber nicht beleidigen, war aber nicht in der Lage, meine Wut im Zaum zu halten. „Komm, laß uns nach oben zu Sharam gehen. Ich glaube kaum, daß er herunterkommt." Dankbar griff ich Bahmans Vorschlag auf.

Bahman hatte mir viel über Sharam erzählt. Es bestand ein tiefer Konflikt zwischen dem geldgierigen Vater und seinem ältesten Sohn Sharam, der sich gerne der Philosophie und Psychologie hingab. Sharam hatte sich als Jugendlicher oft tagelang in seinem Zimmer eingeschlossen und in seine Bücher vertieft. Außer Bahman verweigerte er allen den Eintritt in sein Reich. Nur zu den Essenszeiten ließ er es zu, daß seine Schwester an seine Tür klopfte, um ihm ein Essenstablett zu bringen.

Sein Vater kaufte für ihn alles Erdenkliche, sogar einen BMW, in der Hoffnung, damit seine Gunst zu erlangen. Sharam dagegen ließ sich in einer Autowerkstatt als Arbeiter einstellen, verkaufte seinen Körper als Tagelöhner und schlief mit den Obdachlosen zusammen auf der Straße.

Viele Nächte hatten Bahman und Sharam im Schein einer Kerze verbracht und gemeinsam über das Leben philosophiert. Sharams Sprache war reich wie eine Musik. Die beiden waren sich sehr nahe und eng miteinander vertraut. Während Bahmans harter Anfangszeit in Deutschland bestand ein reger Schriftwechsel zwischen den beiden. Sharams Briefe waren wie Gedichte, die Bahman oft in seiner Hosentasche durch den Alltag begleiteten und ihm die Kraft gaben, seinen Weg in der neuen Kultur zu finden. Obwohl Sharam selbst nie Asien verlassen hatte, so war er doch in Gedanken weit gereist. Sharam war es auch, der Bahman den Tod seiner Mutter mitgeteilt hatte.

---

[5] Der Koran, Übersetzung von Max Henning, 1980.

Während der letzten Jahre war dieser Kontakt verstummt. Bahman erhielt keine Antwort mehr auf seine Briefe. Keiner aus der Familie gab ihm Auskunft über Sharam.

Auch an diesem Abend war Sharam nicht zum gemeinsamen Essen mit der Familie am Tisch erschienen. Als wir in den zweiten Stock kamen, fanden wir die Tür zu seinem Zimmer offen. Sharam begrüßte Bahman nur mit einem Handschlag. Vor mir senkte er verschämt den Blick zu Boden. Sein Zimmer paßte nicht in diesen Palast. Es war klein. Auf dem Boden lag ein zerlumptes Schaffell, auf dem wir Platz nahmen. Dieser Raum war frei von Schmuck und Prunk. Es gab keine wertvollen Teppiche.

Ein Bett und ein großes Bücherregal waren die einzigen Möbelstücke. An der Wand hingen ausdrucksvolle Poster, unter anderem ein Bild eines neugeborenen Kindes, welches noch in seiner geborgenen Haltung des Mutterleibs zusammengekauert auf einem weißen Laken lag.

Sharam und Bahman saßen sich wie zwei Fremde gegenüber. „Ich habe mich verändert", bemerkte Sharam und blickte dabei verschämt zu Boden. Einen kurzen Augenblick trafen sich unsere Augen. Sharam hatte stumpfe, braune Augen. Er sah sehr ungepflegt und eingefallen aus. Neben Bahman wirkte er wie ein alter Mann in seinen braunen Kleidern, mit seinen braunen Zähnen und der dunklen, faltigen Haut. Was war mit ihm geschehen? Welche Veränderung war vorgefallen?

Zwischen Sharam und mir kam leider kein Gespräch zustande. Sprachschwierigkeiten? Bahman und ich unterhielten uns kurz auf Deutsch. „Das Verstehen der Bedeutung der Worte ist weniger wichtig. Ich kann am Klang der Worte fühlen, was der andere sagt", bemerkte Sharam daraufhin.

Noch lange danach beschäftigte ich mich mit dieser Begegnung. Sie stimmte mich nachdenklich. Die anderen Verwandtenbesuche liefen sehr harmonisch ab. Als wir alle Angehörigen zu unserer Hochzeit eingeladen hatten, machten wir uns auf den Rückweg nach Bandar Anzali.

10
Bombenwetter

Der Taxifahrer setzte durch seine Risikofreude unterwegs mehrmals unser Leben aufs Spiel. Trotzdem kamen wir unversehrt in Rasht vor der Hauptpost an.

Mir war schwindelig, als wir ausstiegen, und ich stützte meine Hand ab an einem Gebilde aus Beton, welches aussah wie ein überdimensional großes Wasserrohr. Nachdem ich mich wieder gefangen hatte und den festen Boden unter meinen Füßen spürte, lugte ich neugierig durch ein offenes Ende der Betonröhre. Drinnen hielt ein alter Mann gerade geschützt vor Staub und Sonne seinen Mittagsschlaf, während ein paar kleine Kinder munter um ihn herum spielten.

„Diese häßlichen Röhren verschandeln den ganzen Maidan." „Weißt du, wozu sie sind?" Ich schüttelte den Kopf. „Es sind Schutzbunker", erklärte Bahman. Mir wurde ganz mulmig bei der Vorstellung, daß die Menschenmassen, die sich rund um die Uhr im Zentrum der Stadt tummelten, bei einem Bombenangriff in diese wenigen Bunker flüchten sollten.

Wenn Rasht bombardiert wurde, zitterte selbst im vierzig Kilometer entfernten Bandar Anzali der Boden und die Kinder liefen aufgeregt hin und her, um sich irgendwo zu verstecken. Aber es gab keinen Schutz. Die Bombenangriffe kündigten sich oft durch einen Stromausfall an.

An diesem Nachmittag fiel in Rasht der Strom für mehrere Stunden aus. Sämtliche Vorräte in Farins Kühltruhe tauten auf. Da niemand wußte, ob er am nächsten Tag wieder Fleisch kaufen konnte, versuchten die meisten Iraner, sich den Vorrat für einen Monat im Kühlschrank zu lagern. Außerdem legte jeder Wert darauf, in der Lage zu sein, einem unerwarteten Besucher ein Gericht mit Fleisch servieren zu können.

Weil die elektrischen Pumpen nicht funktionierten, gab es bei Farin kein Wasser, denn der Brunnen war weit weg. Wie gerne hätte ich mich an diesem Nachmittag gewaschen, den Schweiß abgewischt, der mir bei der Höllenfahrt von Teheran nach Rasht an jenem Morgen ausgebrochen war. In diesem Moment war es mir gleichgültig, ob der Strom wegen eines drohenden Bombenangriffs ausfiel oder wegen der überlasteten Leitung. Ich verfiel in einen tiefen, dumpfen Schlaf. Als ich aufwachte, vernahm ich das beruhigende Summen der Tiefkühltruhe und verschwand ins Bad.

Am nächsten Morgen betraten wir einen kleinen Laden auf dem Bazar von Rasht und sahen, wie Kunden und Verkäufer ein kleines, rauschendes Kofferradio umschwärmten. Ich konnte zunächst nichts verstehen. „Der Irak hat einen Bombenangriff auf Teheran angedroht. Die Teheraner werden aufgefordert, die Stadt zu verlassen", erklärte mir Bahman. Von Rasht aus konnte man die Flugzeuge, die von Teheran kamen, am Himmel verfolgen.

Lustlos und gereizt erledigten wir unsere Einkäufe für das Hochzeitsfest. Wir gingen in die Geschäfte, aber Bahman hatte das Interesse verloren, sich einen Anzug und eine Krawatte zu kaufen, abgesehen davon, daß Krawatten nur dem Bräutigam erlaubt waren. Noch nie in seinem Leben hatte Bahman sich einen solchen Strick um den Hals gebunden und schließlich entschloß er sich, auf dem Hochzeitsfest auch keinen Anzug zu tragen. Die Angst um unsere Familie in Teheran saß uns zu sehr im Nacken.

An jenem Abend suchten wir den Himmel nach Militärflugzeugen ab, doch der befürchtete Angriff blieb aus.

Ich erinnere mich noch genau an einen anderen Abend, an welchem ich gemütlich mit den Kindern im Wohnzimmer saß. Wir lasen aus einem Buch mit Geschichten von Mullah Nasrudin. Mitten in einer spannenden Erzählung gingen die Alarmsirenen los. Angst zog durch alle Fasern meines Körpers. Erschrocken faßte ich zwei Kinder unter dem Arm und blickte mich um, wo wir möglicherweise Schutz suchen konnten. Der Tisch war zu klein, da fiel mir die Badekabine im Hof ein, da das Dach des Hauses bei einer Bombenexplosion uns unter sich begraben würde.

Schnell führte ich die Kinder hinaus ins Freie. Sie waren ganz ruhig, als hörten sie die Alarmsirenen nicht. Bahman kam auch in den Hof gelaufen. Er sah in mein bestürztes Gesicht.

Da nahm ich sein verschmitztes Lächeln wahr. Er erklärte, daß diese Alarmsirenen keine Bomben ankündigten, sondern den Auftakt zur Feier des achten Jahrestages des Krieges gaben. Kurz darauf hörten wir triumphierende Menschen durch die Gassen ziehen. „Nieder mit Amerika. Nieder mit Israel."

Die nächsten Tage regnete es in Strömen. Der aufgeschwemmte Boden erschwerte unsere Besorgungen für das Festessen. Aliabad war von der Welt durch die stark verschlammte, aufgeweichte Sandstraße abgeschnitten. Diverse Methoden und Sprüche wurden angewandt, um besseres Wetter heraufzubeschwören. Die Männer beteten, während die Frauen einen bestimmten, paarigen Hähnchenknochen auseinanderzogen und dabei fest an eine Wetteränderung glaubten. Es war ein alter Brauch im Iran, daß demjenigen, welchem im Hähnchengericht ein bestimmter Knochen zukam, ein Wunsch offenstand, wenn er den Knochen mit seinem Tischnachbar auseinanderteilte und währenddessen seine Gedanken, die er nicht laut erwähnen durfte, auf diesen Wunsch konzentrierte.

Meine Gedanken zerstreuten sich eher, weg von den Gedanken an den Krieg, während ich mit den Frauen aus der Familie und Nachbarschaft zusammensaß, um die vielen, kleinen Vorbereitungen zu treffen: Reis und Berberitzen zu säubern und zu sortieren, Hähnchen zu rupfen und zu zerteilen, Obst blankzupolieren, Teller abzuwischen.

Am Tag vor der Hochzeit herrschte ein heilloser Tumult. Der Regen trommelte auf das Blechdach. Dunkle Wolken zogen über das Haus und tauchten alles in ein finsteres Licht. Der Hof sah aus wie das Wattenmeer. Am nächsten Morgen sollte das der Festplatz für die ganzen Menschen sein. Hundert, zweihundert, dreihundert, vielleicht auch vierhundert, niemand konnte mir sagen, wieviele Gäste kommen würden. Bei Regen hätten sie jedenfalls nie alle im Haus Platz gehabt.

Bisher war keiner der geladenen Gäste aus Teheran erschienen. Außerdem war mein Brautkleid noch in Teheran. Eine Cousine wollte es eigentlich mitbringen. Den ganzen Morgen wartete Mohsen auf dem Postamt, um eine Telefonverbindung nach Teheran zu erhalten, bis er schließlich von Ameh Ashraf erfuhr, daß niemand von der Familie aus Teheran kommen würde, weil alle sich noch in Trauer um den vermißten Sohn von Ameh Sarah befänden. Er entschloß sich, selbst nach Teheran zu fahren, um mein Brautkleid abzuholen. Mir war inzwischen jegliche Feststimmung vergangen. Obwohl ich nie einen Augenblick allein sein konnte, fühlte ich mich einsam. Was würden sie nun tun, wenn sie meine miese Stimmung sahen? Jeden Wunsch versuchten Bahmans Geschwister mir von den Lippen abzulesen. Ich brauchte nur zum Waschbassin zu gehen und schon kam jemand hinter mir her, um die Brunnenpumpe anzustellen. Selbst wenn ich auf die Toilette ging, kam jemand mit der Lampe hinterher, mit dem Gedanken, daß ich vielleicht Angst haben könnte oder unterwegs der Strom ausfallen könnte. Noch nicht einmal meine eigene Wäsche durfte ich waschen. Irgendwie wurde von mir erwartet, daß ich rund um die Uhr einfach dasaß und mich bedienen ließ wie eine Blume und zusah, wie sich meine Schwägerinnen an den scharfen Reinigungsmitteln die Hände zerschrunden. Ich litt unter dem Gefühl der eigenen Nutzlosigkeit.

Plötzlich hatte das Trommeln des Regens auf dem Blechdach aufgehört. Die Luft wurde warm, schwül und stickig. Draußen stiegen die Nebeldämpfe aus den Reisfeldern hoch. Die Wolken hatten sich verzogen und die Sonne schickte ihre ersten milden Strahlen durch den Dunst aus. Wir saßen auf der Terrasse. „Ich vermisse Mohsens Stimme", bemerkte ich. Golnar begann zu lachen. „Unsere Mutter hat Mohsen immer gefragt, ob er einen Lautsprecher verschluckt hätte, weil man seine Stimme von hier bis zur Moschee hören konnte. Mohsen wollte immer ein Mullah werden." Golnar nannte mir sämtliche Spitznamen, mit der die Mutter ihre Kinder bezeichnet hatte, und ich konnte mir den Bauch kaum mehr halten vor Lachen.

„Bahman wurde Skelett genannt. Er war immer so dünn, obwohl er viel gegessen hat." Als Kind war er einmal schwer krank. In ihrer Verzweiflung brachte Bahmans Mutter ihn zu einem Heiligen.

Der Mann stammte aus einer Familie der „Seyeds", der direkten Nachfolger des Propheten Mohammeds. Die Kinder der Söhne des Propheten werden alle selbst zum Seyed, zum Heiligen, aber nur die männlichen Nachkommen können die Eigenschaft des Seyed weitervererben. Viele Familien suchten einen solchen Helfer auf, wenn sie in Not geraten waren.

Bahmans Mutter wollte, daß der Seyed ihren Sohn wie seinen eigenen unter seinen Schutz nahm. Symbolisch verkaufte sie dem Heiligen die Hälfte ihres Sohnes und erhielt dafür einen Brief mit einem magischen Spruch. Bahman wurde schließlich wieder gesund und die Mutter sammelte Geld zusammen, indem sie sparte und Gemüse oder Eier verkaufte, um ihren Sohn wieder zurückzuerwerben.

Schon während ihrer Schwangerschaft mit Bahman hatte ihr eine Wahrsagerin angekündigt, daß sie diesmal einen Jungen bekommen würde, der auf der rechten Rückenseite mit einem kleinen Muttermal gezeichnet sein würde. Bahmans Mutter war damals sehr glücklich, denn sie hatte schon fünf Töchtern das Leben geschenkt und sah ihre Ehe und ihre weitere Versorgung dadurch bedroht. Als Bahman auf die Welt kam, trug er in der Tat das Mal.

Durch diese Gegebenheiten hatte Bahman einen besonderen Platz in der Familie. Ich spürte, daß Mohsen immer im Schatten seines älteren Bruders gestanden haben mochte. Während Golnar und ich uns in die Familienkonstellation vertieften, verzogen sich die Wolken am Himmel vollends. Golnar lächelte und meinte, daß die vielen Gebete um besseres Wetter und die Opfergaben an den Imam Erfolg gebracht hätten.

Unser Gespräch und das strahlende Azurblau des Himmels hellten meine getrübte Hochzeitsstimmung wieder auf. Der Schlamm auf dem Hof war eingetrocknet und ich begann, dem Cousin Mahmoud beim Aufhängen der Lampions behilflich zu sein. Tief sog ich den betörenden Duft der Orangenbäume ein, zwischen die wir unsere elektrischen Leitungen spannten.

11
Das Hochzeitsfest

Am Abend vor dem großen Festtag fand im Iran gewöhnlich das Zeremoniell des „Hennabandan" statt, die sogenannte Hennaverbindung. An diesem Abend wurden die Braut und der Bräutigam zum erstenmal offiziell zusammengeführt. Da wir beide aber schon unter einem Dach lebten, hielten wir uns zum Symbol in zwei verschiedenen Räumen im Haus des Vaters auf.

Ich bestaunte die festlichen Kleider in schrillen Tönen, aus Tüll, Seide und Spitzen, die meine Schwägerinnen vorführten. Sie hatten Ähnlichkeit mit Ballettkleidern oder spanischen Flamencokleidern.

Als wir uns umzogen und schminkten, kam ich mir vor, wie hinter den Kulissen einer Theaterbühne. Schließlich hörte ich Musik aus der Empfangshalle. Es war das Zeichen, daß Bahman und ich uns nun aus den getrennten Zimmern entgegenkommen sollten.

Für uns beide war ein Tisch vorbereitet, auf dem ein brauner, aus Henna geformter Kuchen stand, der mit brennenden Kerzen verziert war. Daneben waren noch zwei Teller mit Süßigkeiten und Gebäck aufgestellt, Symbole von Glück und Segen.

Ich wunderte mich, woher plötzlich die ganzen Nachbarn und Freunde erschienen waren. Eine große Runde verfolgte uns neugierig mit ihren Blicken, als wir uns an den kleinen, verrosteten Tisch setzten. Wir durften die Kerzen auf dem Hennakuchen ausblasen. Dann nahmen sich Akram und Nasrin jeweils ein kleines Stück von dem Hennakuchen und formten es in ihrer Hand zu einer Kugel. Jede beschrieb damit Kreise im Uhrzeigersinn über unseren Köpfen, während sie dabei unhörbare Gebete sprachen. Ich schielte aus den Augenwinkeln zu Nasrin und sah, wie ihre Lippen sich bewegten. Ihr Gesicht sah sehr andächtig aus. Sie wirkte wie in Trance. Dann drückte sie mir die Hennakugel in die Hand. Auch Bahman hielt nun eine Hennakugel fest in seiner Hand verschlossen.

Schließlich gingen Akram und Nasrin auf den Kreis der Gäste zu, die auf dem Boden saßen. Für jeden traten sie ein Stück Henna ab, formten es und ließen es im Uhrzeigersinn über ihren Köpfen kreisen, bevor sie es ihnen in die Hand drückten. An dem orangen Fleck auf der Hand ließ sich erkennen, daß jemand auf einem Hennabandan war. Nachdem jeder ein Stück Henna in seiner Hand wärmte, war von dem Kuchen nur noch ein Klumpen übriggeblieben. Gespannt sahen alle nun auf Nasrin, die daraus die letzte Kugel formte. Ihre Augen blitzten und ein Lächeln huschte über ihr Gesicht. Es wurde ganz still im Raum. Noch nicht einmal das Atmen der Gäste war zu hören. Nasrin drehte die Kugel noch zweimal über ihrem Kopf und warf sie dann an die Decke, wo sie klebenblieb. Alle atmeten auf und klatschten. „Wenn dieser Klumpen lange kleben bleibt, wird die Ehe auch lange halten", erklärte mir Bahman.

Nachdem der Zucker und das Gebäck als Symbole von Glück und Reichtum gereicht wurden, tauschten Bahman und ich einander unsere Ringe aus. Im Iran ist es üblich, daß die Frau für den Mann einen Hochzeitsring als Geschenk auswählt und umgekehrt, so daß beide unterschiedliche Ringe tragen. Bahman und ich hatten einander allerdings zwei gleiche, schlichte Ringe gekauft.

Der Abend wurde dann sehr ausgelassen, mit Tanz und Musik bis spät in die Nacht hinein, obwohl das eigentlich verboten war.

Am nächsten Morgen sprang ich hellwach auf, als die warmen Sonnenstrahlen zum Fenster hineinstiegen. Die Männer hatten schon mit einer harten Arbeit begonnen. Sie mußten den Brunnen noch tiefer ausgraben, damit genug Wasser gefördert werden konnte für die unberechenbar große Gästezahl. Schlammüberströmt und in Schweiß gebadet, senkten sie ihre Köpfe in den Brunnenschacht. Ich sah, wie Mohsen sein Gesicht aus dem Schacht emporhob. Tatsächlich hatte er es geschafft, in dieser kurzen Zeit von gestern abend bis heute morgen nach Teheran und zurück zu fahren, um mein Hochzeitskleid abzuholen. Er mußte die ganze Nacht im Taxi zugebracht haben und gab nun lauthals und energisch Anweisungen, wie der Brunnenschacht tiefer zu graben sei.

In der anderen Ecke des Hofes hatten die beiden dicken Köchinnen unter Aufsicht des spindeldürren Oberkochs schon mehrere Feuerstellen aufgebaut und scheuerten ihre großen Reiskessel aus.

Schon bald war es an der Zeit, daß Bahman und ich uns zum Friseurbesuch aufmachten. Es war ein Brauch, daß sich die Braut und der Bräutigam am Hochzeitstag vom Friseur zurechtmachen ließen. Golnar begleitete mich, denn ich sollte eigens von ihrer Kosmetiklehrerin zurechtgemacht werden. Golnar besaß nämlich ein Diplom als Kosmetikerin und träumte selbst immer davon eines Tages ihren eigenen Salon zu eröffnen. Aber ihr Mann ließ es nicht zu, weil es seinen Stolz gekränkt hätte, wenn Golnar arbeiten würde.

Als wir ankamen, hatte die Lehrerin, Madame Ziba, ihre Lehrmädchen um sich versammelt und meinte, wir seien spät dran. Diese Eile erschien mir zunächst unverständlich, denn es blieben uns noch Stunden Zeit.

Als sie dann mit den umfangreichen Vorbereitungen anfing, wurde es mir klarer. Zunächst mußte das Wasser erwärmt werden. Kritisch betrachtete sich die Kosmetikerin meine Gesichtshaare. Vor dem Hochzeitstag war es üblich, daß diese mit einem Zwirnfaden entfernt wurden. Die Methode glich einer großen Tortur. Hierzu wurden zwei starke Zwirnfäden straff über die Haut gerollt, so daß sie sich gegeneinander verdrehten. Dabei wurden die feinen Gesichtshaare zwischen die beiden Fäden eingedrillt und herausgerissen. Ich wehrte mich vehement dagegen. Zunächst schien Madame Ziba, die eine Pariser Kosmetikschule mit Diplom absolviert hatte, sich nicht darauf einlassen zu wollen. Ihr Titel „Madame“ stammte noch aus ihren französischen Zeiten. Bezeichnenderweise bedeutet der Name „Ziba“ übersetzt Schönheit.

Sie hatte ein ebenmäßiges Gesicht mit feinen, weichen Zügen. Ihre Haut war sichtbar sehr gepflegt. Es fiel mir schwer, ihr Alter zu schätzen. Madame Ziba galt in Bandar Anzali als eine Autorität in Fragen Schönheit. Mit bestimmender Manier verlangte sie nach Zwirn und Schere. Aber meine Stimme klang dermaßen entsetzt, als sie sich mir mit den beiden Fäden näherte, daß sie Mitleid bekam. Der Gedanke daran, später immer wieder diese Tortur über mich ergehen lassen zu müssen, weil die Haare dann teilweise wie kräftige Barthaare nachwuchsen, hatte mich in eine leichte Panik versetzt.

Schließlich blieben selbst meine Beine vor der Rasur verschont, und Madame Ziba wandte sich meinen Haaren zu. Sie war sehr vertieft in ihre Arbeit und wurde bewundernd von ihren Lehrmädchen beobachtet, die sich keinen ihrer Griffe entgehen ließen. Mir war zwar nicht ganz klar, was sie im Schilde führte, doch ich begab mich vertrauensvoll in ihre Hände.

Nach und nach kamen auch meine anderen Schwägerinnen in den Frisiersalon, um sich zurechtmachen zu lassen. Die Lehrmädchen begannen, bei ihrer Arbeit zu tanzen und zu singen. Es war eine schöne Einstimmung auf das Fest.

Sorgsam zupfte Madame Ziba meine Augenbrauen. Im Iran war es Brauch, daß sich die Frauen am Hochzeitstag zum erstenmal in ihrem Leben die Brauen zupfen durften. Auf diese Weise verriet schon allein die Form der Augenbrauen den Männern auf den ersten Blick, ob die Frau vor ihnen verheiratet war oder nicht. Im Iran hat das Spiel mit den Augenbrauen seine eigenen Sprachregeln, es veriet mehr als Worte.

Als Madame Ziba ihr Werk vollendet hatte, kannte ich mich selbst nicht mehr wieder. Noch nie hatte ich in meinem Leben so viel Schminke getragen. Es war, als hätte sie mir eine zweite Haut übergestreift. Es war ein grasser Gegensatz zum Alltag draußen. Auf der Straße durften die Frauen noch nicht einmal einen dünnen Lipppenstift auflegen, und dann am Hochzeitstag schien mir, als versuchte man an einem Tag alle Schminke der Welt aufzutragen.

Golnar war sehr zufrieden mit der Arbeit ihrer Meisterin. „Ich habe ihr extra gesagt, daß du wenig Schminke haben wolltest." Ich mußte gestehen, daß ich weitaus weniger Schminke trug als die Braut, die ich auf dem Hochzeitsfest vor einer Woche gesehen hatte, wo die Schminke beim Lachen in Schuppen von der Haut abblätterte. Dennoch benötigte ich einige Zeit, bis ich mich mit meinem eigenen bunten Spiegelbild vertraut gemacht hatte.

Zum Schluß legte Madame Ziba mir noch den filigranen Goldschmuck um, den ich eigens zu diesem Fest von der Familie geschenkt bekommen hatte: von Golnar und dem Vater eine Kette und von Bahman die dazu passenden Ohrringe. Akram hatte mir einen kleinen Goldring an den Finger gesteckt. Als ich die Kette mit dem türkisblauen Stein von Bahmans Mutter umgelegt bekam, war damit auch sie symbolisch auf dem Fest mit anwesend.

Schließlich gingen wir hinaus auf den Hof und Madame Ziba fotographierte ihr Werk vor dem Hintergrund der Bäume. Die Frauen begannen nochmals zu singen und zu tanzen. Ich fühlte mich angesteckt von der Anmut ihrer Bewegungen und der ausdrucksvollen Stimmen, so daß ich innerlich eine Freude über unser Fest verspürte.

Draußen erwartete mich Bahman mit einem geschmückten Hochzeitswagen. Auch er sah ganz verändert aus. Obwohl er weder Anzug noch Krawatte trug, strahlte sein unglaublich sauber rasiertes Gesicht.

Eigentlich hatten Bahman und ich nie auf diese Weise heiraten wollen, doch auf der Fahrt von Bandar Anzali nach Aliabad fühlten wir uns dennoch glücklich. In meiner Verwandtschaft wäre es nie möglich gewesen, aufrichtig ein Fest zu feiern, weil meine Familie in ihrem Innern unsere Beziehung nie akzeptiert hat. Hier im Iran schienen sich Freunde und Verwandte besonders zu freuen, daß wir beide zusammen waren.

Als wir am Haus des Vaters ankamen, sahen wir die Gäste schon bis vor das Portal des Hofes stehen. Die große Menge konnten wir kaum schätzen. Als wir aus dem Auto stiegen, fiel es mir zunächst sehr schwer, mich an den Reifrock und die hohen Schuhe zu gewöhnen. Ich war froh, als wir die Veranda erreichten und einen kleinen Überblick über den Hof gewinnen konnten. Wieder fiel mir auf, daß selbst zum Hochzeitsfest die meisten Frauen einen schwarzen Tschador trugen. Die Frauen im Haus hatten allerdings ihren Tschador abgelegt und schöne Festtagskleider kamen zum Vorschein.

Kinder und Jugendliche waren in der Überzahl. Ausgelassen

tobten und juchzten die Kleinen in ihren bunten Kleidern in der Menge umher. Es war die Gelegenheit für das Zusammenkommen von Jungen und Mädchen und ich beobachtete belustigt die behütenden Blicke der Mütter auf ihre Töchter.

Ich weiß nicht, wie lange wir Gratulationen und Geschenke entgegennahmen. Wir verbrachten den ganzen Tag mit Posieren für Fotos und unzähligen Begegnungen, während Bahmans Geschwister eifrig die Gäste bedienten. Es gab allein über siebenhundert Gäste zum Essen.

Unerläßlich briet der dünne Koch Hähnchen auf dem großen Grillfeuer, während die beiden wohlbeleibten Köchinnen sich auf die umgestülpten Obstkörbe gesetzt hatten, ihre weiten hellblauen Röcke wallten wie ein kreisrunder See um sie. Schmunzelnd beobachtete ich, wie die Köchinnen einen Hähnchenschenkel nach dem anderen verzehrten, während der Reis in den Kesseln vor sich hindampfte und dem Koch die Schweißperlen auf der Stirn standen.

Gegen Abend organisierte jemand spontan eine kleine Show, schnappte sich das Mikrophon des Videofotographen und begann den Koch zu interviewen, welche Beziehung er zu dem Brautpaar habe. „Ich bin der Koch auf allen Festen. Ich koche den Reis auf Sterbe- und auf Hochzeitsfesten."

Schließlich wurden einige Verwandte gefragt, was sie sich für unsere Zukunft wünschten. Bahmans Vater wünschte sich, daß wir in den Iran zurückkehrten. Golnar wollte, daß wir glücklich werden, egal wo wir leben. Der Cousin Rassoul, der uns zweimal in Deutschland besucht hatte, wurde nach unserem Alltagsleben befragt und gab eine lustige Geschichte über meine mangelnden Kochkünste preis. Anschließend gab es im Haus auch leise und dezent etwas Musik. Die Männer führten Tänze vor. Nach einiger Zeit beteiligten sich auch die Frauen. Als sie schließlich mich auf auf die Tanzfläche zogen, war ich ganz verschüchtert und verunsichert, denn Bahman hatte mir erzählt, daß schon häufig die Revolutionswächter das Brautpaar wegen Tanz vom Hochzeitsfest abgeführt hatten. Bahman ließ sich nicht zum Tanzen bewegen, da es seiner Meinung nach kein gutes Ansehen hatte. Auf unserem Fest waren viele gläubige und überzeugte Moslems. Erstaunlicherweise kam der Vorschlag, eine leichte Musik zu spielen, von einem strengen Moslem. Auch machte niemand Einwände gegen die ebenfalls verbotenen Videoaufnahmen. Die strengen Gesetze und Verordnungen wurden also doch nicht immer so dogmatisch angewandt.

Schließlich klang der Abend aus, indem wir alle in kleinen Gruppen unter den Orangenbäumen zusammensaßen und Tee tranken. Viele waren bis spät in die Nacht hinein geblieben.

12
Verspätete Gäste

Der ganze Vormittag war ausgefüllt mit den Aufräumarbeiten. Wir waren alle sehr geschäftig, als sich unerwartet das Tor auftat und mehrere Frauen in schwarzem Tschador zögerlich in den Hof traten. Verblüfft blinzelte ich mit den Augen und glaubte mich versehen zu haben, doch als sie nähertraten, gab es keine Zweifel.

Es waren Ameh Sarah, Mader Bozorg und Shahnaz. Sofort ließen wir alles fallen und liegen und gingen ihnen zur Begrüßung entgegen. Mader Bozorg küßte mich diesmal ganz herzlich und lange auf beide Wangen. Tränen liefen über ihr von vielen Falten gezeichnetes Gesicht. Auch Ameh Sarah begrüßte mich sehr feierlich und gratulierte mir zu unserer Hochzeit. Sie überreichte ein weißes Couvert als Hochzeitsgeschenk und sprach auf Nordpersisch in einem derartigen Fluß, daß ich zwar ihren Worten nicht folgen konnte, aber am Klang ihrer Stimme bemerkte, daß sie sich für ihr Fernbleiben von unserer Hochzeit entschuldigte.

Ich befürchtete zuerst, daß dies mit den lange vorhergegangenen Familienkonflikten zu tun hatte. Bahmans Mutter hatte nie ein gutes Verhältnis zu den Schwestern ihres Mannes. Bahman hatte erzählt, wie sehr seine Mutter darunter gelitten hatte, daß sie im Haus für alles Unglück verantwortlich gemacht wurde. Aus ihrer Verzweiflung über die mißliche Familienposition ließ sie viele Demütigungen duldsam über sich ergehen, um nicht noch mehr vom Zorn der Geschwister ihres Mannes auf sich zu ziehen. So kam es, daß sie einwilligte, ihre vierte Tochter gleich nach der Geburt zu einer Schwester des Vaters zu geben, die seelisch stark unter ihrer Unfruchtbarkeit litt.

Unfruchtbarkeit bedeutete im Iran eines der schwersten Schicksale, welches eine Frau treffen konnte. Nach islamischem Gesetz war es dem Mann in diesem Fall erlaubt, sich eine andere

Frau zu wählen. Der Wunsch der Tante nach einem Kind war so stark, daß sie ihre Nichte als ihr eigenes Kind ausgab und nach einiger Zeit innerlich so fest selbst von diesem Glauben überzeugt war, daß sie sich auch auf Ämtern als ihre leibliche Mutter ausgab. Die arme Nasrin erfuhr erst als erwachsene Frau, wer ihre eigentliche Mutter war und hatte heute noch Schwierigkeiten, ihre Geschwister als Bruder und Schwester anzusehen. Bis zu jener Zeit war sie nicht voll in ihre eigentliche Familie integriert.

Meine Schwiegermutter litt damals sehr darunter, daß sie ihr eigenes Kind an ihre Schwägerin abgetreten hatte. Doch ihr blieb keine Möglichkeit, ihr Kind zurückzufordern, da ihr Mann es nicht erlaubte. So entstanden viele, tief verwurzelte Konflikte zwischen Bahmans Familie und der Verwandtschaft des Vaters.

Ich weiß nur, daß Bahman sich nach dem Tod seiner Mutter mit der ganzen Verwandschaft väterlicherseits verkracht hatte, weil er ihnen die schlechte Behandlung seiner Mutter nicht verzeihen konnte.

Ameh Sarah und die Großmutter entschuldigten sich mehrmals bei mir wegen ihres Fernbleibens. Ich nahm ihre Entschuldigung an und hatte so eine Großmutter gefunden. Im Iran wechselten die Generationen schneller. Meine neue Großmutter war nicht viel älter als meine Mutter und konnte ihre Urenkel selbst nicht zählen.

Seit diesem Tag blieb die Großmutter wieder im Haus ihres Sohnes wohnen. Ich verbrachte den Nachmittag auf der Veranda damit, mit ihr gemeinsam einen großen Zuckerhut mit Hilfe einer Zange in kleine Stückchen zu zerkleinern. Selbst der Würfelzucker war im Iran kein Fertigprodukt. Mehrmals strich mir die Großmutter dabei über die Hände, seufzte tief und lächelte. Ich spürte, daß ich von ihr angenommen wurde. Der friedliche Alltag war wieder eingekehrt.

13
Liebes-Land-Leben

Am anderen Morgen trübte keine Wolke den Himmel. Ich ging mit hinaus auf das Feld zur Reisernte. Bewundernd sah ich Mohsen zu, wie er in rhythmischen Bewegungen in schwungvollem Bogen mit seiner kleinen Handsichel mit jedem Hieb ein Bündel Reisstroh in seinen Arm gleiten ließ, bis er nach drei gleichmäßig großen Schnitten schließlich eine Garbe in seinen Armen trug, aus der er liebevoll zwei einzelne Ähren herauszupfte, um das Ganze zu einem straffen, runden Bündel zusammenzuschnüren.

Im Gegensatz zur Reispflanzung zählte der Umgang mit der Sichel üblicherweise als reine Männerarbeit. Nur selten kam es vor, daß auch Frauen im Umgang mit der Handsichel geübt waren. Frauen, die in dieser Technik Geschick besaßen, genossen ein besonders hohes Ansehen in der nordiranischen Gesellschaft. Sie wurden aufgrund dieses Talents sehr gerne geheiratet. Auch Mohsens Frau Maroch schwang gekonnt ihre Sichel und summte dazu ein Lied im Takt ihrer Arbeit.

In diesem Jahr war das Wetter gut. Das stechend leuchtende Gelb der reifen Rispen bildete einen scharfen Kontrast zu dem tiefen Blau des klaren Himmels.

Die Augen von Mohsen und Maroch strahlten. Sie hatten einen günstigen Zeitpunkt abgepaßt, um ihre Ernte einzubringen. Ein großer Regen zu diesem Zeitpunkt hätte die Mühe des ganzen Jahres an einem Tag zunichte machen können. Die Angst um das Wetter war überwunden, der Wind stand günstig.

Sorgsam richteten sie alle Garben auf dem Feld in Richtung Mekka aus, damit sie über Nacht trocknen konnten. Reis galt im Iran, wie in den meisten asiatischen Kulturen, als heilige Pflanze. Er symbolisierte gleichzeitig Glück und Segen. Besonders in den nordpersischen Provinzen Gilan und Mazanderan, die etwa die

Hälfte des Reisbedarfs der iranischen Bevölkerung deckten, hatte der Reisverzehr eine soziale Bedeutung. Jede Familie war bestrebt, ihren eigenen Reisbedarf aus der Ernte für das ganze Jahr zu lagern und sich selbst zu versorgen.

Auf dem Land galt Brot früher als eine Speise der Armen. Wer es sich leisten konnte, verzehrte zu jeder Mahlzeit Reis, morgens, mittags und abends. Wer Brot kaufen mußte, tat dies heimlich und transportierte es unter der Jacke versteckt nach Hause, damit die Familie die Schande der Armut nicht an die Öffentlichkeit preisgab.

An der Reissorte, die die Familie verzehrte, ließ sich ferner ihre gesellschaftliche Klassenzugehörigkeit erkennen. Langkörniger weißer Reis galt als ein Statussymbol, welches sich die Bauern nicht leisten konnten. Sie mußten meist auf Bruchreis oder den billigeren Rundkornreis zurückgreifen.

Obwohl die Bauern ihren Reis immer in Richtung Mekka ausgelegt hatten, ganz gleich in welche Richtung die Fahne der Politik wehte, gelang es den Kleinbauern in Aliabad bisher kaum, sich im Jahr ein Paar Schuhe zu leisten. Früher wurden die Bauern von den Großgrundbesitzern ausgebeutet, heute von den staatlichen Banken. Durch staatliche Subventionierung des Weizenimportes wurde ein künstliches Gefälle zwischen den Preisen von Reis und Brot geschaffen. Ein Kilo Reis kostete inzwischen das Zwanzigfache von einem Kilo Weizen. Im letzten Jahrzehnt stieg deshalb auch bei den Bauern der Brotkonsum. Inzwischen galt der Verzehr von Brot auch bei den Bauern längst nicht mehr als Schande.

Niemand kam jedoch in Aliabad auf die Idee, die Tradition des Reisanbaus zu verändern. Es wäre möglich gewesen, neue ertragssteigernde Sorten anzubauen oder die ausgelaugten Böden durch eine sinnvolle Fruchtfolge zu aktivieren. Wenn die Bauern auf diese Gedanken kämen, könnte die chemische Industrie ihren Dünger und ihre Unkrautbekämpfungsgifte nicht mehr absetzen, die sie im Komplott mit den Banken und den staatlichen Subventionsgenossenschaften an die Bauern verscheuerten.

Die Bauern in Aliabad waren tief mit ihrem Land und ihren Traditionen verwurzelt. Das Denken in den Kategorien Zeit und

Geld war ihnen fremd. Noch immer waren die meisten Analphabeten, wußten nicht, wieviel sie verdienten oder wie alt sie waren.

Mir tat es in der Seele weh, als ich erfuhr, daß es durch Importe von amerikanischem Saatgut vor fünfzehn Jahren in Gilan zu hohen Ertragseinbußen kam, weil mit dem neuen Samen die Reisstengelbohrer, eine Wurmsorte, eingeführt wurden. Heute setzten deutsche Firmen dort die Pestizide ab, die in Deutschland verboten sind.

Durch diese Probleme wurde mir deutlich, warum die Bauern sich nicht trauten, weiter mit neuen Reissorten zu experimentieren, die höhere Erträge versprachen.

„Welcher Reis wird in Deutschland angepflanzt?“ fragte mich mein Schwiegervater. „Bei uns gibt es keinen Reisanbau.“ Er war erstaunt. „Aber was eßt ihr dann?“ „Meistens Brot und Kartoffeln.“ „Ach, das könnte ich nicht aushalten.“ In seiner Vorstellung konnte der Mensch ohne Reis nicht überleben.

Der Reisanbau prägte die ganze Dorfstruktur und ihr soziales Gefüge. Um den günstigsten Zeitpunkt für die Saat abzupassen, wurde ein Mullah zu Rate gezogen, der nach mystischen Prinzipien die Dorfbewohner beriet. Wer Hand an die wertvollen Samen anlegte, mußte rein und sauber sein und seine Arbeit im Sinne Allahs ausführen.

Im Nordiran waren den Bauern seit langer Tradition die dynamischen Zusammenhänge der Natur im Bewußtsein, die derzeit in Europa wissenschaftlich erarbeitet wurden. Nur derjenige in der Großfamilie, der über genügend Handgeschick und Erfahrung verfügte, bekam die ehren- und verantwortungsvolle Aufgabe der Ansaat aufgetragen. Tradition war, daß sich die Bauern bei arbeitsintensiven Tätigkeiten, wie Verpflanzung, Unkrautbekämpfung und Ernte, gegenseitig Hilfe leisteten. Jeder variierte etwas den Zeitpunkt für die verschiedenen Arbeiten. War ein größerer Bauer an einem Tag zur Ernte bereit, gingen alle anderen an diesem Tag von Sonnenaufgang bis Sonnenuntergang auf sein Feld und leisteten die Arbeit mit ihm gemeinsam. Der jeweilige Arbeitgeber mußte seine Helfer beköstigen und war auch gleichzeitig verpflichtet, den anderen Hilfe zu leisten. Bauern, die selbst wenig Ackerland besaßen, konnten entsprechend mehr Zeit damit verbringen, den anderen zu helfen und wurden für ihre Arbeit entlohnt.

Auch für mich war dieses Getreide seitdem mehr als ein bloßes Nahrungsmittel. Seitdem begann ich, den Reis mit einem anderen Bewußtsein zu essen.

Am nächsten Tag ging ich wieder mit auf die Felder. Farin gab mir einen großen Tschador als Tragetuch. Mit diesem wurden mehrere der getrockneten Garben zu einer Ladung zusammengebunden und auf dem Kopf nach Hause getragen.

Anfangs hatte ich einige Schwierigkeiten, das stechende Bündel auf dem Kopf zu balancieren, ohne dabei meinen Rücken zu massakrieren. Farin dagegen lief behende und leichtfüßig vor mir her, obwohl sie noch eine zusätzliche Garbe aufgeladen hatte. Nach einiger Zeit hatte ich allerdings auch den Dreh heraus und gewann Spaß an der Arbeit.

Kleinere Familien waren in dieser Saison auf Arbeiter angewiesen, deren Löhne wegen der großen Nachfrage sehr hoch waren. Durch ihre Mithilfe hatten die Frauen im Norden Irans mehr zu sagen als in anderen Regionen Irans. Entsprechend gab es im Iran viele Witze über die nordpersischen Männer und ihre „Männlichkeit". Bahman erzählte mir einmal einen typischen Witz von der Unfähigkeit der Männer, auf ihre Frauen aufzupassen.

„Ein Gilake saß niedergeschlagen im einheimischen Teehaus und beklagte sich über die Untreue seiner Frau. Er war abends unerwartet früher von seiner Reise nach Hause zurückgekommen und fand seine Frau mit einem anderen im Bett. Ein Teheraner im Teehaus spitzte nun die Ohren. ‚Wie hast du sie denn dann umgebracht?' fragte er neugierig. ‚Ach, ich kann doch nicht jeden Tag einen anderen umbringen', antwortete er resigniert."

Die Männer führten im Nordiran ein gemächliches, geruhsames Leben. Ihr Alltag spielte sich im Teehaus ab, wo sie bei schönem Wetter im Schatten der Bäume saßen und von dort aus die Organisation des Reisanbaus regelten. Im Teehaus wurde das Saatgut gehandelt und die Ernte verkauft.

Nur die landwirtschaftlichen Tätigkeiten der Männer, wie das Dreschen, Trocknen und Schälen des Reis, wurden inzwischen durch Maschinen und Geräte erleichtert, so daß die Männer die meiste Zeit des Jahres in gemeinsamer Runde die Kunst des Müßiggangs pflegten.

Die mühsamen Kleinarbeiten des Reisanbaus wurden von Frauenhand erledigt, die im Frühjahr von Sonnenaufgang bis Sonnenuntergang in gebückter Haltung barfuß bis zu den Waden im kalten Wasser mit den vielen Blutegeln auf den Feldern standen, um den Reis einzupflanzen oder die einzelnen Unkräuter von Hand aus dem Boden herauszuzupfen.

Während sich die Frauen um Haus und Hof kümmerten, verbrachten die Männer ihren Tag geruhsam im Teehaus. Sie kamen oft nur zum Essen und Schlafen nach Hause und wurden noch mit einem aufwendig zubereiteten Mahl empfangen.

Auf dem Land konzentrierten sich die ganzen Gedanken der Hausfrau um die liebevolle Zubereitung des Essens, wobei der Reis im Mittelpunkt stand. Hierbei wurde die gleiche Sorgfalt wie bei der Verpflanzung angewandt. Von Hand wurde zunächst der ganze Dreck der Mäuse, die Steine, die Würmer und Insekten, ja sogar jedes einzelne dunkle Körnchen aussortiert.

Eine Iranerin würde einen Schrecken bekommen, wenn sie sehen würde, wie viele deutsche Hausfrauen einfach blind einen Beutel Reis ins Wasser werfen und kochen lassen, denn selbst im vorsortierten Reis findet sich bei genauerem Hinsehen einiges, was nicht hineingehört.

Die Zubereitung der meisten iranischen Gerichte nahm drei bis fünf Stunden in Anspruch. Mittags und abends standen üblicherweise mindestens zwei verschiedene warme Gerichte zur Auswahl, die auf einer großen Tischdecke in vielen kleinen Schüsseln und Tellern zu einem kunstvollen Arrangement ausgebreitet wurden. Dabei gab es bestimmte traditionelle Kompositionen von Gerichten, die nach dem alten chinesischen Prinzip von Yin und Yang miteinander harmonierten. Zusätzlich achteten die Frauen bei dem Anrichten der Speisen auch auf die Ästhetik der Farben.

Da die meisten Nahrungsmittel im Iran frisch und unverarbeitet angeboten wurden, war schon allein das Kochen eine tagesfüllende Beschäftigung. Auf dem Land gab es außerdem selten arbeitssparende Geräte wie Waschmaschinen und Staubsauger.

Hinzu kam, daß die Frauen in Aliabad früh heirateten und früh ihre Kinder bekamen. In meinem Alter hatten meine Schwägerinnen schon mehrere Kinder zu versorgen. Die Frauen bildeten den Mittelpunkt der Familie, während der Mann die Aufgaben der äußerlichen, materiellen Versorgung übernahm. Da die Frauen sehr schnell in diese Lage gerieten, blieb ihnen kaum Zeit, über sich und ihre Rolle in der Gesellschaft zu reflektieren.

Es gab eine strikte Trennung zwischen Männer- und Frauenarbeit, zwischen Innenwelt und Außenwelt der Familie. Im Dorf traten die Frauen oft noch nicht einmal zum Einkaufen hinaus in die Öffentlichkeit. Ihre einzige Abwechslung bestand darin, sich gegenseitig in der Verwandtschaft und Nachbarschaft zu besuchen. Selbst dabei unterhielten sich Männer und Frauen getrennt voneinander.

Es gab wenig Gemeinsames zwischen diesen beiden Welten. Die Frauen sahen sich als Dienerin des Mannes, die ihm zu gehorchen hatte und die für das harmonische, warme Zusammenleben innerhalb der Familie verantwortlich war. In bestimmten Gesellschaftsschichten redeten die Frauen im Iran ihren Ehemann sogar mit dem Titel „Agha" an, was soviel wie Herr bedeutete.

Solange die Frauen in dieser Rolle ihre Erfüllung sahen, sich zur Hausfrau und Mutter berufen fühlten, funktionierte dieses System. Meine Schwägerinnen erfüllten ihre Tätigkeiten mit Leidenschaft und Liebe, fanden hierin ihre Anerkennung und Genugtuung.

Obwohl die Männer in Aliabad viel mehr Zeit hatten als die Männer in den Städten, die zur Versorgung der Familie meistens zwei verschiedenen Berufen nachgingen, störten die Frauen sich nicht daran, daß die Männer ihnen nichts von der schweren Arbeit abnahmen. Es wäre eine Schande für sie gewesen, wenn sich der Mann erhoben und am Abwasch des großen Geschirrbergs beteiligt hätte, statt in Ruhe seinen Tee zu trinken.

Sah eine Frau ihre Erfüllung jedoch nicht als Herz der Familie, dann hatte sie in Aliabad wenig Möglichkeiten, ihre Ideale zu verwirklichen. Die Dorfschulen waren so schlecht, daß es nur mit großer Eigeninitiative möglich war, den Niveauunterschied zu den städtischen Gymnasien aufzuholen, um die nationale Aufnahmeprüfung an der Universität zu bestehen. Hinzu kam, daß die meisten Plätze an den Universitäten neuerdings nicht mehr den begabtesten Schülern zugesprochen wurden, sondern für die kriegsverletzten Soldaten als Belohnung reserviert wurden. Eine Cousine von uns startete gerade den Versuch, sich einzuschreiben, doch das enge Zusammenleben in der Familie gab ihr kaum genügend Raum, sich in Ruhe auf ihr Ziel vorzubereiten.

Wenn es einer Frau in Aliabad nicht gelang, einen Mann zu finden, der sie heiratete, dann mußte sie ihr Leben in der Großfamilie in untergeordneter Stellung verbringen. Dabei konnte sie nur wenig tun, um einen Mann zu finden. Sie war darauf angewiesen zu warten, bis ein Brautwerber kam. Sie konnte höchstens für ihre äußerliche Attraktivität sorgen und darauf hoffen, auf irgendeinem Familienfest entdeckt zu werden. Dagegen brachte die Heirat und das Kinderkriegen einen erheblichen sozialen Aufstieg mit sich.

Die meisten Frauen in Aliabad wirkten in dieser Situation nicht unzufrieden, sondern stark und selbstbewußt. Ihre Gedanken konzentrierten sich nicht auf Äußerlichkeiten wie Mode und Schönheit. Sie träumten nicht von beruflicher Karriere, von fernen Reisen und Urlaub, sondern vom familiären Beisammensein in der ihnen vertrauten Welt. Die Frauen, die in Aliabad andere Wege suchten, stießen schnell an ihre Grenzen.

Erstaunt war ich vielmehr, daß ich in Aliabad in meiner Andersartigkeit voll akzeptiert wurde. Niemand erwartete von mir, daß ich mich ebenfalls in diese Frauenposition hineinfügte. Bahman und ich gingen gemeinsam zum Einkauf in die Stadt, saßen gemeinsam im Teehaus, wo sich sonst keine andere Frau aufhielt.

Auf diese Weise erhielt ich einen kleinen Einblick in die Welt der Männer von Aliabad. Für die Dorfbewohner war es zu einer Selbstverständlichkeit geworden, daß ich Bahman ins Geschäft seines Vaters begleitete und eine Weile dort verbrachte, obwohl sich sonst nie eine Frau länger als unbedingt notwendig dort aufhielt.

Eine deutsche Hausfrau hätte nie in diesem Laden eingekauft. Staub und Spinnweben trübten das Fensterglas und schützten das blaugrau gestrichene Holz der Inneneinrichtung vor dem Sonnenlicht.

Die Tür des Ladens blieb selbst im Winter offen. Durch den Genuß von dampfendem Tee hielt sich Bahmans Vater warm. Verstaubte und verrostete Konservendosen standen aufgetürmt in den Regalen. Auf dem Fußboden standen Säcke mit Nüssen, diversen getrockneten Kernen, Gewürzen, Hülsenfrüchten, Reis und Trockenobst. In der Kühltruhe lag etwas vertrockneter Käse neben Coca-Cola und Oliven. In einer anderen Ecke stapelte er Unmengen von Tee und Süßigkeiten.

Obwohl die Waren nicht frisch waren, kauften die Einwohner von Aliabad regelmäßig hier ein, weil der Laden im Zentrum des Dorfes lag und weil sie den Besitzer kannten.

Bahmans Vater schrieb sich nie die Schulden seiner Kunden auf. Da er Analphabet war, existierte keine Buchführung. Die kleine Holzschublade des Ladentisches diente als Kasse. Zum Rechnen benutzte Bahmans Vater einen Holzperlenschieber. Manchmal verließ er den Laden, ohne abzuschließen, und seine Tageseinnahmen blieben unangetastet in der kleinen Holzschublade.

Im Gegensatz zu den anderen Männern verbrachte Bahman auch viel Zeit gemeinsam mit den Frauen im Haus, wo sich sonst kein anderer Mann aufhielt. Wenn er dabei war, blieben die Gespräche der Frauen meist an der Oberfläche haften. Sobald wir unter uns zusammensaßen, wurden unsere Unterhaltungen gleich viel vertraulicher. Vielleicht gab es dieses Phänomen umgekehrt bei den Männern genauso.

Ich habe mich oft gefragt, wie Bahman, der mit dieser traditionellen Trennung der Frauen- und Männerwelt großgeworden war, unser Zusammenleben empfand, das sich so ganz anders regelte. Beide hatten wir früh den Kreis der Familie verlassen und uns im Ausland auf eigene Füße gestellt. Wir besuchten beide die Universität, teilten uns nebenbei die Hausarbeit und die Aufgaben der finanziellen Versorgung.

Zusätzlich hatte Bahman den Mut, sich öffentlich zu seiner für iranische Verhältnisse unmännlichen Rolle zu bekennen. Bahman beteiligte sich auch in Aliabad an der Frauenarbeit. Er half mit, den Reis zu säubern und das Gemüse zu putzen, die Bohnen zu schälen und stand sogar nach dem Essen mit auf, um das Geschirr abzuräumen.

Anfangs war ich skeptisch, daß die anderen Männer Bahman auslachen würden. Doch erstaunlich war es zu beobachten, daß plötzlich Bahmans Schwäger sich ein Beispiel an ihm nahmen. Nach und nach nahm der eine oder andere sich auch einen Teller zur Hand oder begann, bei den Essensvorbereitungen mitzuhelfen.

Ich spürte wie die Menschen in Aliabad unsere Lebensweise akzeptierten. Ich war anders, und doch konnte ich mit den Frauen in Aliabad vertraut werden.

Nach der gemeinsamen anstrengenden Feldarbeit war auch in Aliabad von den Unterschieden zwischen Männer- und Frauenarbeit nicht mehr viel zu spüren.

Am Abend saßen wir alle gemeinsam auf der großen Veranda vor dem Haus. Der Tee leuchtete kupfern im Abendlicht. Die Grillen sangen die Kinder in den leisen Schlaf, während wir sie auf unseren Beinen hin- und herwogen.

Marochs große dunklen mandelförmige Augen waren liebevoll auf ihren schlafenden Sohn gerichtet. Sachte griff sie mit dem Arm unter das Kopfkissen auf ihrem Schoß und trug Sina zum Schlaflager. Maroch war einen Kopf kleiner als ich, dafür aber von der harten Landarbeit unglaublich stärker. Einmal führten wir zum Scherz einen Ringkampf durch, und ich war verblüfft, als die kleine Maroch mit ihrer zierlichen Statur mich mühelos hochhob und auf den Rücken legte.

Wir hatten zwei große Gemeinsamkeiten; wir lebten in einer harmonischen Ehe und unsere Männer waren Brüder. Keine von uns beiden hielt sich als Frau für unterdrückt, doch würden wir unsere Rollen tauschen, so hätte sich keiner in der Position der anderen wohl gefühlt.

Maroch hatte mit achtzehn Jahren geheiratet und dann gleich ihre erste Tochter bekommen. „Hoffentlich kommst du uns nächstes Jahr mit eurem Kind besuchen", wünschte sich Maroch. „Es ist mir noch zu früh. Im Moment sind wir beide Studenten und sind froh, wenn wir uns selbst versorgen können." Maroch bedauerte mich. „Dein Studium hält dich von allem ab.“ Die Mutterschaft war ihr höchstes Ziel. Mit Liebe widmete sie sich dem Haushalt. Sie war eine passionierte Köchin, konnte nähen und gärtnern, verstand sich darauf, Kühe und Hühner zu versorgen und war zudem noch sehr geschickt in der Arbeit auf dem Reisfeld. Ihre Seele war verbunden mit Aliabad und sie träumte von einem kleinen Haus mit einem eigenen Zimmer für die Kinder. Nie hätte sie es ertragen, wenn ein fremder Mann ihr schönes Haar zu Gesicht bekommen hätte, und sie fühlte sich nur frei innerhalb der Mauern ihres Hofes, geschützt vor den Blicken anderer. In Fragen, die die inneren Angelegenheiten der Familie betrafen, gehorchte ihr Mohsen aufs Wort. Umgekehrt war es Mohsens Aufgabe, die Familie materiell zu versorgen, wobei Mohsen von Maroch keine Hilfestellung erwarten durfte.

Marochs Bild von den europäischen Frauen war vor unserem Zusammentreffen das von Zuckerpuppen, die sich für die Männer äußerlich attraktiv und schön zu gestalten hatten, damit die Männer auf sie aufmerksam wurden. Sie bedauerte die europäischen Frauen, die nach den häufig scheiternden Ehen sich allein um ihre Kinder kümmern mußten, während die Männer sich nach jüngeren Frauen umsahen. Für sie war es unbegreiflich, daß in Europa Ehen so häufig geschieden wurden, obwohl eine freie Partnerwahl möglich war.

Als Maroch und ich uns näher kennenlernten, entdeckten wir, wieviel mehr wir gemeinsam hatten, obwohl wir in völlig unterschiedlichen Gesellschaften lebten. Beide versuchten wir, wohl auf verschiedenen Wegen, die eine als Mutter und die andere als Medizinerin, uns als Frau zu verwirklichen. Beide fühlten wir uns frei in unserem gewählten Dasein. Wir beide empfanden, daß die Frau in der Gesellschaft eine andere Stellung als der Mann innehatte. Wir wollten auch nicht als Männer behandelt werden. Für uns waren die weiblichen Eigenschaften genauso wertvoll wie die männlichen. Wir fühlten uns als Frauen nicht minderwertig. Wir verlangten keine Emanzipation im Sinne von Selbständigkeit und Gleichstellung, aber ließen uns deshalb nicht von den Männern bevormunden.

Für uns beide lag die Erfüllung einer Beziehung nicht darin, daß

Mann und Frau voneinander unabhängig waren, sondern daß sie sich gegenseitig ergänzten. In unserer westlichen Gesellschaft wird oft der Schrei nach Emanzipation laut, dem ich so nicht nachkommen wollte. Ich wollte nicht den Männern gleichgestellt werden, sondern in meiner weiblichen Identität wertgeschätzt werden.

Jede von uns hatte eine andere gesellschaftliche Position als Frau, beide kamen wir aus unterschiedlichen Gesellschaften, doch gleich ob Orient oder Okzident, in unserem Frausein fühlten wir uns gleichwertig und frei.

Wir haben uns in dieser patriarchalischen Gesellschaft nicht abwerten lassen und beide auf verschiedenen Wegen zu unserem weiblichen Selbst gefunden und es angenommen. In dieser Art war Maroch für mich eine freie Frau, im Gegensatz zu den Frauen, die versuchten, die Männer in ihrer Art zu kopieren und damit selbst zu den schlimmsten Patriarchen wurden.

Auch wenn die Frauen in Aliabad sich schweigsam hinter ihrem Schleier verbargen, so waren es doch keine unterdrückten Frauen. Sie verbreiteten Frieden und Harmonie in einer Welt des Krieges und des Kampfes um die Macht.

Auch wenn sich im Iran die Frauen scheinbar im Hintergrund hielten, so prägten sie doch unmerklich die Geschichte, wie das Wasser mit seinem steten Tropfen den Stein formt.

Die Freiheit unter dem Schleier, sie ist verborgen, aber sie existiert.

Lange hatte ich mir Gedanken gemacht, warum in unseren beiden Gesellschaften die einen Frauen in der Öffentlichkeit die Emanzipation forderten und andere sich in ihrem Haus hinter dem Schleier verbargen. Vielleicht liegt es an dem fehlenden Gleichgewicht zwischen Mann und Frau. In jener Nacht dachte ich lange nach über das Verhältnis zwischen Mann und Frau und die Dynamik der beiden Pole in Ost und West, bis sich die Gedanken in meine Träume hineinwoben.

In jedem Menschen walten männliche und weibliche Kräfte. Erst durch die Vereinigung der männlichen und weiblichen Energien entsteht das Universelle des Individuums. Jeder ist in sich eine Ganzheit. Aufgabe des Einzelnen ist es, diese Energien zu spüren, zu nutzen, in einem harmonischen Gleichgewicht zu halten. So ist jeder Mensch in sich ein vollkommenes Universum, ein Teil des Einen.

Woher entspringt die Angst vor dem Weiblichen in uns? Ist es die im Alten Testament beschriebene Angst vor der Verführung?

Oder ist es die Angst vor der Liebe? Jene Angst vor der freiwilligen Hingabe. Angst, zu gehorchen, statt zu herrschen? Angst vor der Vereinigung zwischen Mann und Frau? Angst vor dem Chaos der kosmischen Kräfte?

Unserer Sprache fehlen die geeigneten Worte. Die Chinesen benutzten seit vielen Jahrtausenden ein Begriffspaar, welches sich auf alle Dimensionen des Lebens anwenden läßt. Die ursprüngliche Kraft des Männlichen wird als Yang beschrieben. Während Yang Entwicklungen oft durch gewaltige Anstrengungen in Gang bringt, wirkt das weibliche Yin-Prinzip unauffällig und durchdringt alle Dinge auf sanfte Weise. Diese sanften Kräfte sind, besonders während ruhiger Perioden, wie dem Schlaf, überall in der Natur und in jedem Menschen aktiv.

Ich hatte begonnen, meine weibliche Seite zu lieben. Noch viel mehr begann ich, mich als ein Ganzes zu betrachten, meine eigene doppelte Natur zu spüren. Lange hatte ich über die Einheit von Seele und Gott meditiert, bis mir endlich klar wurde, daß nicht nur Gott, sondern auch die Seele kein Geschlecht haben konnte.

Ich fühlte mich wie bezaubert von diesen Antworten. Ich begann zu erahnen, warum ich Bahman liebte. Das Wunderbare an dieser Liebe war von Anfang an, daß ich keine Angst verspürte, mich ihr voll hinzugeben. Ich fühlte mich frei. Es wurde zu meinem Willen und zu meinem inneren Bedürfnis, Bahmans Gefährtin zu werden.

Hätte Bahman mir gesagt, er wolle im Iran bleiben, ich wäre bei ihm geblieben. Ich spürte, unsere Liebe hatte die Energie, alle politischen, religiösen und kulturellen Grenzen zu überschreiten. Wir waren eins, und mein Platz war an seiner Seite.

Je mehr unsere Liebe wuchs, desto tiefer wurde mir die Angst vor dem Weiblichen bewußt.

Ein altes marokkanisches Sprichwort drückt es etwa so aus:

„Die Liebe ist ein gefährliches Unterfangen, wenn sie euch nicht verrückt macht, zerstört sie euch."[6]

Die Angst vor dem Weiblichen, vielmehr die Angst vor der Liebe, dem gefährlichen Unterfangen, ist die Angst vor der bedingungslosen Hingabe.

Liebe wird zu einem gefährlichen Unterfangen, wenn sie nur von einem halben Menschen ausgeht. Ein Mensch, gleich ob ein Mann oder eine Frau, der in sich die weiblichen Kräfte unterdrückt und nur nach Macht und Ruhm strebt, den Kontakt mit dem ausgleichenden weiblichen Prinzip verliert, kann nie die Kunst des Liebens erlernen.

Eine Religion, die auf das männliche Prinzip reduziert wird, kann ihr Scheitern auf die verkümmerten weiblichen Einflüsse zurückführen.

In unserer Gesellschaft werden oft die männlichen Eigenschaften glorifiziert, und die weiblichen Eigenschaften werden als geringer eingeschätzt. Aus diesem Ungleichgewicht der Bewertung enstand auch die Bewegung der Emanzipation der Frau.

Jahrtausende der Disharmonie, der Herrschaft des Männlichen haben mit ihrem Bestreben nach Macht unsere Mutter Erde aus dem Gleichgewicht gebracht. Die Erde wurde so krank wie die Menschen und die von ihnen kultivierten Pflanzen und Tiere, gezüchtet auf Produktion, ausgebeutet, verformt.

Der Schlüssel zu einer neuen Blüte, zu einem Wandel der Geschichte liegt in der Wiederentdeckung des weiblichen Prinzips. Beide Energien sind gleichermaßen nötig. Wenn Männer und Frauen in sich die kosmischen Kräfte in Einklang bringen, in der Verbindung der weiblichen und männlichen Energien, dann wird die Liebe zu einem heilsamen Unterfangen.

Dann werden die Schleier fallen, denn die Männer brauchen sich nicht mehr vor der Anziehungskraft der Frauen zu fürchten.

Ich bin überzeugt, die Frauen werden auch nicht länger im Ver-

[6] Edward Westermark, Wit and Wisdom in Morocco: A Study of Native Proverbs, London 1926, S. 330.

borgenen schweigen und sich mit ihren männlichen Energien aussöhnen.

Die Zeit ist angebrochen auf das alte, immer wieder erklingende Lied zu hören.

Oft träume ich den Traum einer Welt der Liebeskünstler. Oft höre ich die Klänge Eichendorffs in meinem Ohr:

Schläft ein Lied in allen Dingen,
die da träumen fort und fort
und die Welt hebt an zu singen
triffst du nur das Zauberwort.

14
Isfahan

Sanftes Erwachen. Zurück vom Zauber der Reise durch Gedanken und Träume, wachsam in die iranische Gegenwart. Nachdem die Reisernte eingebracht war, traten Bahman und ich unsere Hochzeitsreise nach der berühmten Stadt Isfahan an.

Das Hotel, in dem wir übernachteten, übertraf meine kühnsten Vorstellungen. Eigentlich war es vielmehr ein Museum als ein Hotel. Es war zur Zeit der Safaviden unter Schah Abbas im 8. bis 10. Jahrhundert gebaut worden. Ursprünglich als Karawanserei für die Könige gedacht, barg dieses Gebäude wunderbare architektonische Schönheiten. Die vielen schattigen, verborgenen Winkel, Arkadengänge, Höfe mit Palmen, Blumen und plätschernden Brunnen ließen das Innere des imposanten Gebäudes wie ein kleines paradiesisches Labyrinth erscheinen. Der weiße Marmor der Steine leuchtete in Harmonie mit den sieben Farben, in denen die Mosaike der Wandverzierungen gehalten waren.

Am nächsten Morgen war die Stadt wie tot. Die Läden der Geschäfte waren verschlossen. Die Menschen strömten zu den Moscheen hin. Es war Freitag, Gebetstag.

Eine Stunde vor dem riesigen Menschenandrang standen wir auf dem großen Platz im Zentrum von Isfahan. Dieser majestätische Ort, etwa der Größe von drei Fußballfeldern entsprechend, fünfhundert Meter lang und fast zweihundert Meter breit, wurde als die Hälfte des Universums bezeichnet. „Es heißt, wenn man die Schönheiten dieses Ortes gesehen hat, kennt man soviel wie die Hälfte des Universums", erklärte mir Bahman.

Heute hieß dieser Platz nicht mehr Maidan des Königs, sondern Maidan des Imam. Von allen Seiten strömten Arme, Alte und Leidende herbei, um sich in dem Glauben an ein besseres Jenseits über ihre schlechte Gegenwart hinwegtrösten zu lassen. Die Straßen in der Nähe des Maidan waren am Freitagmorgen für Autos gesperrt, damit durch ihren Lärm die Andacht des Gebetes nicht gestört wurde.

Ich traute meinen Augen nicht, als ich entdeckte, wer an der Straßensperre in Uniform aufgestellt waren. Kinder, Kinder in Uniform. Eigentlich gehörten sie auf die Schulbank. Ich lauschte angestrengt ihren Gesprächen. Angeregt unterhielten sie sich über Waffen und Schießen.

Wie hielten es die Mütter aus, ihre Kinder als Minenfänger und Kanonenfutter großzuziehen? Wie konnten sie es ertragen, ihre Kinder in Schulen zu schicken, wo sie derartig gleichgeschaltet wurden?

Selbst im Reiseführer für Touristen brüstete sich Isfahan damit, die Stadt mit den meisten Märtyrern zu sein. Von hier ging die islamische Revolution aus. Hier empfanden wir das Diktat der Regierung besonders stark. „Es gibt kein größeres Glück als den Märtyrertod", mit diesen Worten aus Radio, Fernsehen, Zeitungen und auf Transparenten wurde die Bevölkerung eingelullt.

„Wer den Märtyrertod stirbt, dem werden alle Sünden vergeben", „Es gibt kein gößeres Glück als den Märtyrertod", „Die Pforten des Paradieses stehen im Schatten der Säbel" und „Der Tod als Märtyrer öffnet die Pforten zum Paradies".

Wie im Trancezustand strömten die Gläubigen auf den großen Platz. Ich spürte die unfreundlichen Blicke, die auf mir hafteten. Diesen Platz betraten kaum Frauen wie ich, ohne Tschador, nur in Mantel und Kopftuch. Außerdem trug ich an diesem Tag ein weißes Kopftuch.

Die Menschen mieden meine Blicke, mieden es, mit mir zu sprechen. Als Frau war es mir sogar unmöglich, mit einem dieser Schuljungen ins Gespräch zu kommen. Hätte ich jemanden angesprochen, seine Antwort hätte er an Bahman gerichtet und es hätte ihn peinlich berührt.

Wir hatten den Weg verloren, doch eine Frau hätte ich nicht fragen können, da die Frauen auf diesem Platz grundsätzlich nicht ansprechbar waren und sofort ihr Gesicht hinter dem Schleier verbargen, wenn ich sie nur ansah. Wie die Schildkröten zogen sie sich in ihren großen, schwarzen Panzer zurück.

Endlich fand Bahman einen Jungen ohne Uniform, der auf seinem Mofa daherfuhr. Er schien zumindest halbwegs bereit, uns den Weg zu beschreiben. Mit von mir abgewandten Gesicht brummte er eine Antwort vor sich hin. Ich kam mir vor wie eine Aussätzige.

Wir suchten den Weg zu den sogenannten bebenden Minaretten. In Isfahan gab es eine legendäre Moschee, von der es hieß, daß ihre Minarette, sobald sie jemand bestieg, zu wackeln anfingen, ohne jedoch dabei zu zerfallen.

Die Mittagssonne lähmte unsere Unternehmungsgeister. Wir legten eine Pause ein, meine Augen fielen mir fast zu, während ich Bahmans ebenmäßige Züge betrachtete. Er hatte seinen Kopf einfach ins weiche, duftende Gras gebettet und ich hörte den leisen regelmäßigen Atemrhythmus seines Schlafes. Lange hielt ich meinen Blick auf die kleine, energische Grube in seinem Kinn fixiert, die er von seinem Vater hatte.

Schließlich überwältigten mich doch der Leichtsinn und meine Müdigkeit. Ich wagte es, kurz im Gras einzudösen. Es konnte als Frau auf einem öffentlichen Platz sehr riskant sein. Zur Sicherheit hatte ich den Knoten meines Kopftuches zuvor fest um den Hals gezogen.

Wir schliefen nur kurz und machten uns noch im grellen Sonnenlicht auf zu den bebenden Minaretten. Trotz meiner Sonnenbrille fiel es mir schwer, die Augen offen zu halten. Der helle Sandstein der Gebäude reflektierte das Licht und trieb mir beißende Tränen in die Augen. Ein Geländewagen des Kommittees fuhr an uns vorbei. Erschrocken stellte ich fest, daß er anhielt. Ein Revolutionswächter winkte uns mit ausladenden Armbewegungen zu sich herüber. Er wandte sich an Bahman. Ich blieb zunächst einige Meter entfernt stehen, als ob mich das Handzeichen nichts anginge, während Bahman zielstrebig auf die Konfrontation mit dem Revolutionswächter zusteuerte. Ich spürte, wie sich mein Atem beschleunigte, als Bahman mich unmißverständlich hinzurief. Der Revolutionswächter nahm also an mir Anstoß. Rasch kontrollierte ich den korrekten Sitz meines großen, weißen Kopftuches.

Der Revolutionswächter wartete, bis ich näher kam, wandte dabei seinen Blick jedoch nur starr auf Bahman. Als ich einen Meter neben ihm stand, fuhr er Bahman mit barscher Stimme an.

„Warum trägt sie eine Sonnenbrille?".

„Damit Sie meine Augen nicht sehen", hätte ich ihm am liebsten in diesem Moment geantwortet.

Ich spürte, wie meine Nasenflügel vor Entrüstung bebten. Fest preßte ich die Lippen aufeinander, damit mir bloß kein unbedachtes Wort entwich. Ich durfte es nicht wagen, jetzt den Mund aufzumachen. Damit wäre Bahman in Gefahr geraten, nicht ich.

Ich schluckte meine Antwort herunter und hörte schweigend zu, wie Bahman dem Revolutionswächter erklärte, daß ich die Sonnenbrille trage, um mich vor der grellen Sonne zu schützen. Als Europäerin sei ich nicht an solch intensive Lichtverhältnisse gewöhnt.

Nachdem der Revolutionsgardist vom Zweck der Sonnenbrille überzeugt war, suchte er nach einem neuen Angriffspunkt. Trotz meiner niedergeschlagenen Augen bemerkte ich, wie sein Blick aus den Augenwinkeln an meinem Körper hinunterglitt. Ich fühlte mich ihm schutzlos ausgeliefert.

„Sie trägt keinen islamischen Mantel." Er hatte einen neuen Vorwand, obwohl mein knöchellanger Mantel weitaus mehr bedeckte als die zu dieser Zeit knielange Mode der iranischen Modelle. „Was ist an diesem Mantel nicht islamisch?" fragte Bahman zurück.

Darauf fiel dem Revolutionswächter keine geeignete Antwort ein. Sein Blick streifte suchend meine Stirn, die halb vom Kopftuch bedeckt war. Kein Haar lugte heraus. Der Kragenausschnitt meines Mantels war vollständig von meinem Kopftuch bedeckt. Die Ärmel meines Mantels reichten über die Handgelenke. Ich war ungeschminkt und trug keinen Nagellack. Er schien das Bedürfnis zu haben, etwas Anstößiges an mir zu finden.

Während seine Blicke mich von oben bis unten musterten, sah ich die Adern an Bahmans Stirn pulsieren. Schweißtropfen perlten von seiner Stirn herab.

„Ihre Hose ist zu kurz. Das ist keine islamische Hose", bemerkte der Revolutionswächter dann triumphierend. Sein Gesicht auf Bahman gerichtet, sprach er über mich in meiner Anwesenheit in der dritten Person, als sei ich aus Luft.

Bahman wollte sich wehren. „Das wirkt nur optisch so, weil der Mantel so lang ist." Um dies eindrücklicher zu demonstrieren, bückte er sich und hielt den Saum meines Mantels etwas höher.

„Faß sie nicht an", fuhr ihn der Revolutionswächter sofort mit mahnender Stimme an.

Bahman zuckte zusammen und ließ verdattert das schwarze Manteltuch herunterfallen.

Verschreckt und eingeschüchtert barg Bahman seinen Kopf zwischen seinen Schultern. Ich kochte vor Wut und biß fester auf meine Lippen. Meine Füße wurden feucht in den schwarzen Nylonstrümpfen. Der Schweiß rann mir die Achseln herunter. In Gedanken gab ich ihm die Antwort, daß es sich für ihn nicht geziemt, sich meine Beine zu betrachten. Ich hätte ihm antworten können, wenn ich alleine gewesen wäre. Das Fatale war, daß ich mit einem unbedachten Wort nun nicht mich, sondern Bahman ins Gefängnis gebracht hätte.

Schließlich verlangte der Revolutionswächter unsere Personalausweise, die dokumentierten, ob wir verheiratet waren oder nicht. Doch diese Papiere mußten wir am Abend vorher im Hotel abgeben. Zum Glück hatten wir aber noch unsere Pässe dabei.

Lange noch fühlte ich meinen pochenden Pulsschlag, nachdem der Geländewagen der Patrouille schon um die Ecke gebogen war. Die Gefahr war überwunden. Wäre ich dem lächerlichen Verhalten des Revolutionswächters mit Ironie begegnet, hätte ich seine dumpfe Macht noch mehr zu spüren bekommen. Es hatte keinen Sinn zu widersprechen, die Uniform gab ihm alle Freiheiten. Er handele im Namen Allahs, behauptete er von sich. Diesmal zitterte ich, bis die Bedrohung vorüber war. Doch ich wußte, ich würde nicht immer zittern; ich würde nicht immer schweigen.

An jenem Nachmittag fuhren wir nicht mehr zu den geheimnisvollen Minaretten, sondern suchten statt dessen einen Kultort der Feueranbeter auf. Vielleicht gerade, weil uns an diesem Tag die sengende Sonne mit ihrem unerträglich hellen Licht fast zum Verhängnis wurde, hatten wir das Bedürfnis, uns mit der vorislamischen Religion des Lichtes zu befassen.

Die Zarathustrer kannten keine Tempel oder Götterbilder. Für sie war die Essenz der Religion die Kommunikation mit der himmlischen Energie über das Element des Feuers, des irdischen Lichtes und der Wärme, das im Unterschied zur Sonne zu jeder Zeit brennen kann, Tag und Nacht, wenn es unterhalten wird. Bahman hatte mir von einem „Hammam", einem riesigen öffentlichen Badehaus erzählt, welches angeblich jahrelang mit dem Licht einer einzigen, nie erlöschenden Kerze erleuchtet wurde. Als Wissenschaftler versuchten, hinter das Geheimnis dieses ewigen Lichtes zu kommen, welches die Kraft besaß, diese gewaltigen Wassermassen zu erwärmen, erlosch die Flamme.

Nachdem wir eine Weile aus der Stadt hinausgefahren waren und sich rechts und links die Weite der Wüste im milden Licht der Nachmittagssonne auftat, gelangten wir endlich an unser Ziel. Der kleine Minibus hielt an. Wir waren die einzigen, die ausstiegen. Der Fahrer deutete wortlos auf einen kegelförmigen, gewaltigen Sandhügel.

Ein paar Kinder hatten uns erspäht und begleiteten uns in einigem Abstand bis an den Fuß des Berges. Sie waren neugierig und fragten sich, wonach wir suchten. Als sie sahen, daß wir uns auf den kleinen Pfad begaben, der sich in Serpentinen den Berg hinaufwand, folgten sie uns fast bis auf den Gipfel. Nachdem wir an den Stufen der Treppe angelangt waren, die zu dem nach allen Seiten hin offenen Turm führte, machten sie auf dem Absatz kehrt und verschwanden, als hätten sie Angst, sich diesem geheimnisvollen Monument zu nähern.

Ein warmer Wind wehte. Meine Blicke umfaßten die unermeßlichen Weiten der Wüste. Es war ein Gefühl der Freiheit, grenzenlos in alle Himmelsrichtungen Ausschau zu halten und den golden glänzenden Sand zu betrachten.

Ich spürte die Ruhe, die Weite, das Runde. Bewundernd betrachtete ich den kreisrunden Bau mit den Toren nach allen Richtungen des Himmels. Ich trat in das Zentrum der Feuerstätte, schloß die Augen und versuchte, mir eine Feuerzeremonie vorzustellen.

In der Mitte mußte sich ein Altar befunden haben, mit viel Asche drum herum, auf dem die Magier eine Flamme unterhielten, die sie niemals verlöschen ließen. Täglich suchten sie das Heiligtum auf und trugen dabei einen Mundschutz, damit ihr unreiner Atem nicht in die Flammen blies. Das Feuer durfte nur mit einem Fächer angefacht werden. Wer etwas Unreines oder Totes hineingab, machte sich selbst des Todes schuldig.

Auf diesem Berg wohnte die Stille. Ich nahm mein Kopftuch ab und ließ den Wind in meinen Haaren spielen, spürte seine Wärme, seine Kraft, mit der er den Sand aufwirbelte, der in meinen Augen rieb. Ein Lächeln huschte über Bahmans Gesicht. Bahman und ich reichten uns wortlos die Hände. Wieder lief mir der gleiche Schauer über den Rücken, wie beim erstenmal, als ich seine unbeschreiblich zarte, feine Hand in der meinigen fühlte. Wir lächelten einander an und drehten tanzend im Kreis. Als wir einander losließen, breitete ich meine Arme aus und drehte mich tanzend im Kreise, bis ich mich wie im Rausch fühlte. Bahman fotografierte mich. Doch wie blaß war später das Bild. Nichts war zu erkennen von dem Feuer der Liebe, dem ewigen Licht der Erde.

Die Sonne neigte sich dem Untergang zu, und wir kehrten zurück in das Tal, beseelt und beschwingt vom Spiel des Feuers. Die Sonne ging unter, um am Morgen wieder aufzugehen, von neuem das Feuer zu entfachen, das ewige Leben und Sterben des Lichtes der Sonne.

Am nächsten Morgen hörte ich den Ruf des Imams vom Minarett. Einer Theorie zufolge sollte ein großer Leuchtturm in Alexandria als Vorbild für das Minarett gedient haben. Das arabische Wort „Manara", von dem vermutlich der Begriff Minarett abgeleitet ist, bedeutet „ein Ort der Flammen".

Ich ging zum Fenster, um die Sonne zu begrüßen. Meine Augen erfreuten sich an dem orangeleuchtenden Feuerball, der die himmlisch schöne Kuppel der berühmten größten Koranschule Isfahans noch blauer erscheinen ließ. Ich vertiefte mich in das Blau der Kuppel und in die abstrakten Formen und Arabesken ihres Dekors. Blau war an diesem Tag meine Lieblingsfarbe, die Farbe des Himmels und des himmlischen Spiegelbildes im Wasser. Das

Blau harmonierte mit dem Orange der aufgehenden Sonne, die Farben ergänzten einander.

An jenem Morgen ließen wir uns von den Faszinationen des Kunstbazars hinreißen. Wir entdeckten handbedruckte Decken, deren Muster und Ornamente mit den verschiedenen Schattierungen der Farbe Blau spielten. Wir kauften gleich mehrere davon als Geschenke für unsere Freunde, gingen von Geschäft zu Geschäft, entdeckten hier und dort das eine oder andere, und der Morgen lief davon, ohne daß wir die Zeit bemerkten.

Von der Anziehungskraft des Kunstbazars wurden wir durch die aufkommende Mittagshitze befreit. Die Fensterläden der Geschäfte verbargen allmählich die verlockend aussehenden Handarbeiten hinter ihren verriegelten Eisentoren. Die Schönheit der Kunstgegenstände hatte mich so sehr geblendet, daß ich gar nicht bemerkt hatte, wie sehr ich dem Konsumrausch verfallen war. Der Hunger drängte uns dazu, eine kleine Garküche aufzusuchen. Bahman und ich wollten gerne vom Baryani probieren, eine Spezialität aus Isfahan. Diese eigentümlich gewürzte Speise aus Hammelfleisch köchelte stundenlang vor sich hin und wurde dann auf großen, heißen Brotfladen serviert. Der unverkennbaren Duftspur der Baryanigewürze folgend, entdeckten wir ein kleines Lokal in einer versteckten Seitengasse. Das Baryanilokal war klein, dunkel und schmutzig. Doch ich konnte die feinen Restaurants nicht mehr ausstehen, in denen nur die reichen Iraner und Reisende mit ausländischen Devisen essen gehen konnten. Das Essen dort schmeckte fade und steril. Das Baryani in diesem kleinen Imbiß fanden wir weitaus köstlicher als das Abendessen im feinen Hotel.

Am Nachmittag begaben wir uns auf den Weg zum Pol-e-Khaju, einem raffinierten Brückendamm, der den Strom des Zayandeh-Flusses regulierte, noch aus den Zeiten von Schah Abbas II, als Isfahan die Hauptstadt Persiens war.

Für uns war die Atmosphäre an diesem Ort noch beeindruckender als das Monument an sich. Zu Füßen der gewaltigen Arkaden flanierten pausenlos Menschen aus allen Gegenden Irans. Lange standen wir oben auf den Zinnen und blickten auf die Köpfe der

Menschen, beobachteten die Kinder, die munter im Wasser spielten und stellten uns vor, wie seit Jahrhunderten die Menschen über diesen schmalen Weg unterhalb der Brücke wanderten.

Noch heute war diese Brücke der abendliche Treffpunkt, und die Leute saßen auf den Steinen und blickten auf die Lichter, die sich im Wasser spiegelten. Im Hintergrund hörten wir das Glukkern der Wasserpfeifen aus dem Teehaus, welches sich in einer der schattigen Arkaden befand.

Schließlich begaben wir uns auch dorthin. Wir wurden ins Familienabteil geschickt, weil eine Frau nicht in die Männerseite des Teehauses hineingelassen wurde. Das Familienabteil befand sich in einem kleinen Gewölbe an der Ecke zur Treppe, die auf den schmalen Weg am Wasser entlang führte.

Wir setzten uns nieder auf einer mit Teppich bezogenen Sitzbank. Unseren Rücken lehnten wir gegen dicke, dekorative Kissen, die ihren Ornamenten, Motiven und Farben nach aus Isfahan sein mußten. Wir rauchten gemeinsam an der großen Wasserpfeife, tranken Tee aus dem Samowar und ließen unsere Gedanken reisen, inspiriert durch die vorbeiziehenden Menschen.

Meine Augen blieben an einer Frau in einem braunen Tschador haften, die ohne Strümpfe, in einfachen Plastikpantoletten über die heißen Steine lief. Es war verboten, als Frau ohne Strümfe herumzulaufen. An ihrer Hand hielt sie ihre große Tochter und den jüngsten Sohn und folgte in angemessenem Abstand ihrem Mann und dem anderen Sohn.

Auf dem Rückweg kehrten sie in das Gewölbe des Teehauses ein und setzten sich zu uns an den Tisch. Sie waren ärmlich gekleidet. Matte, traurige Augen blickten uns aus schmutzverklebten Gesichtern entgegen.

Die Frau setzte sich mit ihren drei kleinen Kindern ganz auf den äußeren Rand der schmalen Bank, als sei es ihr nicht erlaubt, einen Platz einzunehmen. Der Mann begab sich zu der Männerseite des Teehauses, um die Bestellung aufzugeben.

Beschämt und verärgert kehrte er zurück. Der Gastwirt hatte von ihm Einblick in seinen Ausweis verlangt, bevor er ihm ein Tablett mit Tee in die Hand drückte, da er um seine Teegläser bangte. Es war der gleiche Gastwirt, der bei unserer Ankunft sofort um uns herumgesprang und uns liebevoll den Tee und die Wasserpfeife auf dem Tablett serviert hatte.

Bahman und der Mann verwickelten sich in ein Gespräch, währenddessen die Miene des Mannes sich noch mehr verdüsterte. Ich betrachtete seine verbitterten Züge und beobachtete die Familie. Seine Frau war noch jung und doch wirkte sie schon so verbraucht. Sie hielt ihre Schultern nach vorne gebeugt. Tiefe Sorgenfalten hatten sich in ihre braune Stirn eingegraben. Ihre Mundwinkel wiesen nach unten. Die Hände trugen die Spuren harter Arbeit. Kein Lachen erhellte das trübe Gesicht. Selbst die Zähne hoben sich nicht ab vom Braun ihrer Kleidung.

Auch die Frau schweifte mit ihren Blicken über mich. Ich wagte es nicht, sie anzusprechen. Schließlich überwand sie als erste die Scheu.

„Ich bin alt geworden", sagte sie zu mir, als hätte sie meine Gedanken gelesen, „ich bin so traurig". Ich nickte ihr zu. „Ich verstehe. Wie alt sind sie?" „Zweiundzwanzig."

Ich war erstaunt, daß sie jünger als ich war. Bahman hatte sie sogar auf über dreißig geschätzt. Sie hatte drei Kinder. „Und wie alt ist ihre Tochter?" fragte ich weiter. „Zehn. Als ich selbst elf Jahre alt war, haben mich meine Eltern verheiratet. Bei uns in den Bergen wird man schnell alt." Auch ihr Mann sah sehr verbraucht aus. Beide hatten sie nie eine Jugend erlebt, sie entwickelten sich vom Kind direkt zum Erwachsenen. „Für meinen Jüngsten hatte ich nach vier Monaten keine Milch mehr, um ihn zu stillen. Deshalb ist er so dünn und klein geblieben. In der letzten Zeit ist alles immer knapper geworden." Ihre körperlichen Kräfte waren versiegt, weil sie so abgemagert war. Sie konnte sich selbst kaum mit proteinreicher Nahrung versorgen. Fleisch, Milchprodukte und Hülsenfrüchte waren zum Luxus geworden.

Das Leben war hart in den Bergen. Die Natur hatte diese Gegend nicht mit reichem Regen beschenkt wie in Gilan. Das Leben dieser Frau war reich an Durst, Hunger und Entbehrungen. Liebevoll streichelte ihre Hand über die dünnen, weichen Haare ihres jüngsten Sohnes. Auch wenn sie nicht mehr die Kraft hatte, ihn mit Milch zu versorgen, sie nährte ihn mit der Kraft, das Leben in den Bergen zu bewältigen.

Die Fußsohlen dieser Frau waren mit einer dicken, schützenden Hornschicht bedeckt, die jegliche feinen Nylonstrümpfe zerrissen hätte.

Lange blieben wir gemeinsam sitzen, lauschten dem Gurren und Gluckern der im Kreis herumgereichten Wasserpfeife und schlürften zwischendurch den starken Tee aus den kleinen Gläsern, bis der Gastwirt ein Räuchergefäß brachte.

„Ich glaube, jetzt ist es Zeit, daß wir aufbrechen", sagte der Mann. Er erklärte uns, daß der Gastgeber mit dem Räuchergefäß dies zu verstehen geben wollte. Bahman kannte diesen Brauch noch nicht. Wir hatten wohl für den Gastwirt nicht genug konsumiert, dafür aber lange das Familienabteil besetzt.

Am nächsten Morgen vergeudeten wir wieder unsere Zeit in der Hektik der Konsum- und Geschäftswelt, bis wir einen Derwisch über den Bazar schreiten sahen. Plötzlich war mir die Lust am Kaufen und Handeln vergangen. Er trug ein grobes, naturfarbenes Wollgewand, welches im Arabischen als „Suf" bezeichnet wird. Von der Bezeichnung dieses Kleides leitet sich auch der Begriff Sufismus ab.

Die Sufis wandten sich ganz dem geistigen Leben zu, das sie in der Vereinigung mit Allah zu erreichen suchten. Sie befreiten sich vom Verstand und den Regeln der orthodoxen Theologen. Sie gingen neue Wege. Die einen wanderten als Bettelmönche durch die Straßen, die anderen meditierten als Mönche in ihrem tanzenden Orden. Allen war gemeinsam, daß sie den Weg der Liebe zu Gott gingen.

Es gab auch eine Frau namens Rabia, die zum Derwisch wurde. Sie wurde als Kind ihrer Familie entrissen und als Sklavin verkauft. Sie arbeitete und betete derart inbrünstig, bis sie ihren Besitzer so sehr rührte, daß er sie frei ließ. Als Einsiedlerin zog sie in die Wüste, da sie sich als eine Staubgeborene betrachtete. Sieben Jahre wälzte sie sich den ganzen Weg von Basra nach Mekka durch den Wüstensand, um sich ganz dem Gehorsam und der Liebe zu Allah zu unterwerfen. Eine Sklavin und Dienerin fand ihren Raum in der herrschenden Männerwelt.

„Der Verstand ist unfähig zum Ausdruck der Liebe. Die Liebe allein ist imstande, die Wahrheit der Liebe zu offenbaren, und was es ist, ein Liebender zu sein."[7]

So viel Weisheit und Liebe lag in den Versen des berühmten sufischen Dichters Mevlana.

An jenem Tag betraten wir noch viele Tempel und Moscheen, erfreuten uns der vielen Motive, der Geometrie, der Ornamente, der Formen, Farben und Symbole.

Die Form der Moscheen, die ich in der Türkei vielfach bewundert hatte, erhielt durch die Verzierung mit den farbigen Mosaiken erst ihre Vollendung. Meine Augen glänzten vor Begeisterung über diese meisterhaften Bauwerke im Zentrum Isfahans. Ich vertiefte mich in die Schönheit der Mosaike und suchte das Spiegelbild des Universums in ihnen.

Weitere Sehenswürdigkeiten Isfahans suchten wir auf. Noch bevor wir die Moschee des Schahs betraten, waren wir mit einem Fotografen ins Gespräch gekommen. Seine Bilder zeigten Isfahan aus dem Blickwinkel des Künstlers. Wie ein Fokus schärften sie den Blick für das Wesentliche der Gebäude.

Er merkte, wie sehr wir uns freuten, seine Bilder betrachten zu können und bot uns an, uns durch Ali Qapu, den Palast des Schah Abbas zu führen.

„Der Harem von Schah Abbas umfaßte dreihundert Frauen, die ihren Zugang zum Palast über unterirdische Wege fanden, damit niemand sonst ihre Schönheit zu Gesicht bekam." Wir wandelten durch den Palast und lauschten aufmerksam den Bericht des Fotografen. Ich fragte mich dabei immer wieder nach dem Zweck der weißen Gipsverzierungen mit den vielen Hohlräumen. Schließlich sprach ich ihn darauf an. Er ignorierte meine Frage, bis wir im Orchesterzimmer standen. „Wenn die Musiker in diesem Raum spielten und alle Türen des Palastes geschlossen blieben, dann wurden die Töne in den Resonanzkörpern der Gipsverzierungen gespeichert. Erst wenn das Königspaar die Türen nach einem be-

---

[7] Reshald Feild, Ich ging den Weg des Derwisch, Frankfurt 1985, S. 165.

stimmten Schema öffnete, dann wurden die gespeicherten Klänge wieder freigelassen und begleiteten das Königspaar durch den Palast, ohne daß sie dabei vor das Angesicht der Musiker traten."

Wie tief mußten die Safaviden um das Zusammenspiel von Form, Farbe, Klang gewußt haben, daß sie es so sehr mit Raum und Zeit in Einklang bringen konnten. Viele solcher wundersamen Geschichten wußte der Fotograf uns zu berichten, und zum Abschied schenkte er mir eine Fotografie von Tschehel Sotun, dem Palast der vierzig Säulen.

Auf eine sehr kunstvolle Weise kam dieser Palast auf die heilige Zahl seiner vierzig Säulen, obwohl sein Dach nur auf zwanzig Säulen ruhte. Vor dem Palast war ein künstlicher Teich angelegt, dessen Winkel derartig genau bemessen war, daß der Betrachter, wenn er am Fuß des Teiches stand, den Tempel als Doppelbild vor sich hatte. Die zwanzig Säulen, auf denen das Monument ruhte, ergänzten sich durch ihr Spiegelbild im Wasser des Teiches zu vierzig Säulen.

Schnell neigten sich die sieben Tage unserer Hochzeitsreise ihrem Ende zu. Am Flughafen bekam ich wieder einmal die Konfrontationen mit den Revolutionswächterinnen, den sogenannten „Schwestern", zu spüren. Es war der erste Tag des Trauermonats.

Ich hatte mich inzwischen an den Anblick der Frauen mit Tschador gewöhnt. Auch wenn dieses Kleidungsstück nur einen winzigen Ausschnitt des Gesichtes zu erkennen gab, die Augen, die Nase und zum Teil die Mundpartie, war es mir möglich, aus diesem Ausschnitt eine Vorstellung von der Frau zu gewinnen, die mir gegenüber war. Der Schleier, das Verborgene brachte die Menschen dazu, genauer hinzusehen, die Phantasie spielen zu lassen. Die Iraner waren Meister in dieser Kunst. Sie konnten erahnen, was sich selbst unter dem dicksten, schwärzesten Schleier verbarg.

Die „Schwester", die für die Kleiderkontrolle verantwortlich war, fraß ihren Tschador förmlich auf. Tief hatte sie den Ansatz des Schleiers über ihre Stirn gezogen. Sie kniff die Zähne aufeinander und hielt den Stoff doppelt gefaltet in ihrem Mund. Zum Sprechen blieb ihr daher nur ein kleiner Winkel übrig. Argwöhnisch blickte sie mich an. Sie mochte etwa in meinem Alter gewesen sein.

„Schwester, ihr Mantel ist nicht weit genug geschlossen. Stekken sie eine Nadel an." Sie hielt den Kragen meines Mantels am Hals fest und heftete den Stoff mit einer Stecknadel zusammen. Ich ließ sie walten und gab keine Antwort. In meinem Innern verachtete ich sie, genauso wie sie mich verachten mochte. Sie blickte auf mein neues schwarzes Kopftuch mit dem dunkellila Blütenmuster.

„Es ist Trauermonat. Warum tragen Sie kein schwarzes Kopftuch?" brachte sie gegen mich hervor. „Mein Kopftuch ist doch schwarz", widersprach ich.

„Es hat aber bunte Blüten", wandte sie erneut ein.

„Ich wußte nicht, daß man im Trauermonat kein Kopftuch mit Blütenmuster tragen darf", versuchte ich zu erklären.

„Haben Sie kein schwarzes Kopftuch?" forschte sie weiter.

„Nein."

„Dann gehen Sie. Aber tragen Sie das nächste Mal ein schwarzes Kopftuch", mahnte sie mich und gab mir den Weg frei. Kaum hatte ich die Tür passiert, kam eine Frau in hellem Mantel und bunten Kopftuch in leuchtendem Rot mir nachgefolgt. Die gleiche Schwester, die mich schikanierte, hatte diese Frau in ihrer auffallend bunten Kleidung wortlos durchgelassen. Es war eine Iranerin. Eine Frau um die vierzig.

Bahman hatte ebenfalls keine Schwierigkeiten, obwohl er als Mann eigentlich ein schwarzes Hemd hätte tragen sollen. Der Trauermonat Moharam galt als der religiöse Höhepunkt des Jahres bei den Schiiten.

Zu Zeiten des Krieges zwischen Iran und Irak, als Moslems gegen ihre eigenen Brüder kämpften, erhielt dieser Monat eine besonders tiefe Bedeutung, die mir erst in den nächsten Tagen bewußt wurde.

Während wir im Flugzeug die Schönheit des glutroten Sonnenuntergangs über den Wolken bewunderten, wurde Isfahan bombardiert. Erst am späten Abend haben wir dies aus den letzten Fernsehnachrichten des Tages erfahren.

15
Der Trauermonat

Als wir in Teheran landeten, sahen wir die Männer in Prozessionen durch die Straßen ziehen. Die meisten waren in schwarze Hemden gekleidet. Andere zeigten ihren nackten Oberkörper, auf den sie mit der bloßen Hand einschlugen. Einige geißelten sich mit einem kleinen Drahtbesen, manche sogar mit Ketten, die sie im Rhythmus ihres Gebetes abwechselnd auf die linke und die rechte Schulter schlugen. Dabei gerieten sie vollkommen in Ekstase.

Auf der Stirn trugen sie schwarze Banderolen, auf denen in blutroter Schrift „Ja Hussein" zu lesen stand. Die schwarzen Trauerhemden der Männer waren zum Teil über den Schulterblättern ausgespart, damit die Ketten sichtbare Spuren hinterließen, wenn sie sich im Dreivierteltakt der Blechtrommel ihre Haut blutig schlugen.

„Ja Hussein", der Gesang tönte aus allen Gassen, aus Radio und Fernsehen. Vier Wochen verfolgten mich diese Worte aus den Moscheen, von den Straßentransparenten und Fahnen.

Als wir in den Norden Irans zurückkehrten, sahen wir dort überall ähnliche Straßenzüge. Manchmal zogen Kinder mit im Takt der Trommel: „Tam-Tam-Tam-Ja-Hussein, Tam-Tam-Tam". Eine Straßenprozession mit Schulmädchen lief auch mit, gekleidet in die schwarze Schultracht aus Hose, Mantel und Maghnaeh. In ihrer Hand schwangen sie kleine Strohbesen, mit denen sie sich auf den Rücken schlugen.

Bis in den Schlaf verfolgte mich dieser Rhythmus der Trommeln, des Kettenrasselns und der Rufe nach Hussein. Tag und Nacht. Alle schienen sie verrückt zu spielen.

Um mich vor den neugierigen Blicken der Dorfbevölkerung zu schützen, gab mir meine Schwägerin Akram am Abend einen schwarzen Tschador und eine Maghnaeh, das besagte zusammengenähte rutschfeste Kopftuch. Wir gingen zum großen Dorfplatz, auf dem an den folgenden dreizehn Tagen das historische Geschehen während der Schlacht im irakischen Kerbala auf der Bühne nachgespielt wurde.

Trotz Tschador fiel es mir zunächst schwer, mich auf das Spiel der Kampfszenen zu konzentrieren. Die Dorfbewohner sahen diese Aufführungen jedes Jahr. In den acht Jahren des Krieges wurde die Geschichte der Glaubensschlacht im Irak für sie sogar zur Gegenwart. Für sie war es im ersten Moment interessanter, mich zu beobachteten. Immer wieder hefteten sich die Blicke und die Zeigefinger der Zuschauer auf mich.

Nach einer Weile konnte ich mich in meinen Gedanken unbeobachtet auf die Bühne konzentrieren, und dort wurde folgende Geschichte vorgeführt:

Die Moslems des Iran waren fast ausschließlich Schiiten, die an die erbliche Nachfolge des Propheten Mohammeds glaubten, während die Sunniten die Nachfolger des Propheten vom Volk wählen ließen.

Imam Ali, der Cousin des Propheten Mohammed, war von den Schiiten als der rechtmäßige blutsverwandte Erbe angesehen worden. Nachdem Ali von den Statthaltern der von den Sunniten gewählten Khalifen ermordet wurde, trat das Gesetz der Blutrache in Kraft. Hussein, der Enkel des Propheten Mohammed, wollte sein Erbe als der dritte Imam antreten. In der irakischen Wüste bei Kerbela kam es zu einer Schlacht. Husseins Truppen wurden von den Kriegern seines Konkurrenten, dem sunnitischen Khalifen, umzingelt. Imam Hussein wurde zu Tode gefoltert, verdurstete in der Wüste. Daraus entsprang das Idol des Märtyrertodes.

Seitdem wurde alljährlich zum Gedenken an seinen Märtyrertod der Passionstag der Schiiten eingehalten.

Die Farbe Schwarz wurde zur Alltagsfarbe Irans, die Trauer zur Alltagsstimmung. Noch heute sahen die Menschen den Märtyrertod als eine Heldentat an. Noch heute zogen die Leute mit Kettenpeitschen auf die Straßen, zum Gedenken an den schiitischen Helden Imam Hussein. Im Zeitalter Imam Khomeinis zogen die Leute freiwillig in den heiligen Krieg.

Am Tag zuvor hatte ich den Nachrichten entnommen, daß sich wieder zwanzigtausend Kinder und Jugendliche freiwillig gemeldet hatten, um für den Islam ihr Leben zu opfern.

Vor dem großen Zentralfriedhof in Teheran stand ein großer Brunnen, aus dem rotgefärbtes Wasser hervorquoll. Die Farbe rot symbolisierte das Blut der Märtyrer, die ihr Leben für den Islam opferten.

Ich saß auf dem ständig wachsenden Dorffriedhof von Aliabad am Grab von Bahmans Mutter. Wir gossen duftendes Rosenwasser über den Stein und Golnar berührte die Gitterstäbe des Zauns, der um den Grabstein angebracht war. „Ja Hussein" sangen die Männer und geißelten sich mit ihren Ketten. Golnar begann zu weinen. Am Grab nebenan vergoß eine Mutter Tränen auf das Grab ihres Sohnes. Er hatte sein Leben als Märtyrer der Macht geopfert. Sie waren entfernte Verwandte von uns. Ihr Weinen hob an zu einem schaurigen Trauergesang, und plötzlich wurde das Trommeln der Männer von den Klagerufen weinender Frauen übertönt. Es drang mir durch Mark und Bein, als die Frauen im Chor ihre Trauer laut werden ließen. Eine Frau schien die andere im Klagen über ihr Leid übertönen zu wollen.

Rassoul, ein Cousin Bahmans, war im Krieg fast selbst zum Märtyrer geworden. Eine seiner Aufgaben an der Front war es, abends das Essen im Geländewagen auszufahren. Bei diesem gefährlichen Unterfangen hatte er einen jungen Beifahrer, der sich freiwillig zum Kampf gemeldet hatte. Eines Abends bat ihn der Junge, ihn ans Steuer zu lassen. Der Junge war ganz aufgegangen in dem Ideal des Märtyrertodes. Er bat Rassoul so lange, an seiner Stelle am Steuer sitzen zu dürfen, bis dieser schließlich seinem Wunsch nachgab, und sie tauschten ihre Plätze. Ausgerechnet an jenem Abend schlug eine Granate direkt vor ihnen ein. Der Junge hielt den Wagen sofort an. Als sich nach der gewaltigen Detonation der Staub legte, bemerkte Rassoul, daß der Junge am Hals blutete. Er war tot. Er war an seiner Stelle gestorben. Der Junge hatte sich den Märtyrertod gewünscht. Im Iran glaubt man daran, daß derjenige, der sterben will, vom Tod begleitet wird. Wer den Tod sucht, wird den Tod finden. Rassoul stieß seinen Leichnam aus dem Wagen und setzte sich selbst wieder ans Steuer.

Ein Unfall ermöglichte es Rassoul, der Front entfliehen zu können. Eine Handgranate hatte seinen rechten Arm zerfetzt. Er hatte Glück, wäre sein Bein getroffen worden, und er so unfähig zum Fliehen gewesen, hätten ihn seine eigenen Mitsoldaten erschossen, damit er nicht den Waffen des Feindes zum Opfer fiel.

Rassouls zerschmetterter Arm bewahrte ihn vor weiterem Kugelhagel und er konnte sich nach Aliabad in seine Bäckerei zurückziehen. Dank des verletzten Armes gelang es ihm auch zweimal, ein Einreisevisum nach Deutschland zu erhalten, da er medizinische Versorgung benötigte.

16
Asyl

Vor zwei Jahren hatte er uns in Deutschland besucht, weil er mit dem Gedanken spielte, sich dort eine neue Existenz aufzubauen und zu studieren.

Nachdem er Deutschland mit eigenen Augen gesehen hatte, verzichtete er auf die Möglichkeit, sich dort operieren zu lassen. Er ließ auch von seinem ursprünglichen Vorhaben ab, in Deutschland studieren zu wollen.

Rassoul spürte die Kälte, in der die Menschen isoliert in ihren Wohnsilos lebten: Kinderheime, Altenheime, Studentenheime, Behindertenheime, Krankenheime, Asylantenheime, Tierheime, Einfamilienheime. Rassoul war sehr verwundert, wie die Studenten in zehn Quadratmeter großen Zellen ähnlich Kaninchenställen lebten. Er hörte die Geschichten der Selbstmörder, die sich aus den Fenstern vom obersten Stock des Studentenwohnheims stürzten.

Er sah, wie sehr die iranischen Studenten unter der Trennung von der Geborgenheit der Großfamilie litten. Im Iran lebten die Menschen meist in einer Gemeinschaft, während sie in Deutschland oft säuberlich voneinander getrennt in Ghettos lebten.

In Deutschland fehlte die Wärme, die aus den Konflikten und den Reibereien der verschiedenen Generationen, den Auseinandersetzungen mit den sogenannten Verrückten, Kranken und Behinderten entsteht. In Deutschland lebten Individualisten, einzeln, sortiert und geordnet.

Rassoul hatte zunächst mit dem Gedanken gespielt, einen Asylantrag zu stellen, um in Deutschland zu bleiben. In einer Studentenkneipe lernte er Homajun kennen. Homajun hatte nach zwei Semestern sein Studium aufgegeben. Seit sieben Jahren fristete er sein Dasein in Deutschland. Seit sieben Jahren war er in diesem

Land, hatte aber zur Zeit noch nicht einmal ein eigenes Zimmer. Jeden Abend besuchte er die gleiche Studentenkneipe und wartete darauf, daß ihn irgend jemand mit zu sich nach Hause einlud, wenn sich die Türen der Kneipe nachts um zwei oder drei Uhr schlossen.

Als Rassoul mit ihm über seine Pläne sprach, wies Homajun auf die Plastiktüte in seiner Hand: „Sieh mal, in dieser Plastiktüte befindet sich alles, was ich nach sieben Jahren Leben in Deutschland angesammelt habe. Aber ich habe keinen Asylantrag gestellt. Im Winter habe ich kein Zimmer, keinen Platz, kein Geld, aber ich habe nie daran gedacht, diesen Antrag zu stellen. Du kommst aus dem Iran, hast dort deinen Platz, dein Geld und willst jetzt hier einen Asylantrag stellen. Wenn du einen Asylantrag stellst, mußt du deine Nationalität, dein Land, deine Familie, alles aufgeben. Du mußt auf alles verzichten."

Rassoul war erstaunt. Im Iran zählte noch nicht einmal eine gemietete Wohnung als ein echtes Zuhause. Homajun zog mit seiner Plastiktüte umher und hatte noch nicht einmal eine Einzelzelle in einem Studentenwohnheim als Refugium.

Rassoul verstand schnell. Wer einmal als Asylant in diesem Land lebte, der hatte sich selbst in den goldenen Käfig eingesperrt. Nie könnte er in sein Land zurückkehren, selbst dann nicht, wenn sein Vater oder seine Mutter gestorben wären. Es gab kein Zurück aus dem Gefängnis der Fremde und Isolation in die Geborgenheit der Familie. Wer einen Asylantrag stellte, baute eine Mauer zwischen sich und seine Heimat. Es war, als hackte er sich seine eigenen Wurzeln ab.

Getrennt von ihrer Heimat leben viele Menschen im Asyl in der Hoffnung auf die Welt, auf ihr Land und auf die Menschen.

Das Wort Asyl stammt von dem griechischen „a-sylon" ab und bedeutet wörtlich übersetzt un-beraubt, un-verletzt. Demnach gab es in Deutschland kaum Asylanten, denn dort wurden die Asylsuchenden meistens ihrer Ehre beraubt und in ihrem Herzen verletzt.

Rassoul bemerkte, daß er keinen Grund hatte, in das deutsche Gefängnis der Isolation zu fliehen und konnte nun sein kleines Dorf Aliabad wieder schätzen.

17
Männer unter sich

Mit guter Laune stand Rassoul jede Nacht auf und betrat um vier Uhr morgens seine Bäckerei. Dort heizte er den Backofen und setzte den Brotteig an. In Rassouls Bäckerei wurden die Brote einzeln von Hand geformt und mit einem Holzschieber in den Ofen geschoben. Die Hitze in dem kleinen Raum war schier unerträglich. Aber die Bäckerei war eine sichere Lebensgrundlage, so daß Rassoul nun erneut Hochzeitspläne schmiedete, wie Madame in Bandar Anzali schon richtig erkannt hatte.

Inzwischen galt Rassoul in seiner Nachbarschaft als gute Partie. Er war durch seine Kriegsverletzung zum Rentner geworden und verdiente zusätzlich gut in seiner Bäckerei. Er zählte zu den wenigen in Aliabad, die ein Auto besaßen. Im Laufe der Jahre hatte Rassoul sich einen richtig dicken Wohlstandsbauch angegessen.

Vor einigen Jahren galt Rassoul noch nicht als der ideale Ehemann, da als Kind über ihn das Gerücht verbreitet wurde, daß er homosexuell sei. Dieses Stigma blieb viele Jahre an ihm haften.

Im Iran war es üblich, daß sich die Nachbarn und Verwandten zu abendlichen Gesprächen besuchten. Im Persischen wurden diese Zusammenkünfte als „Schabneschini" bezeichnet, das nächtliche Sitzen. Beim Tee wurden Geschichten erzählt und die Menschen kamen sich näher in der Ruhe und Besonnenheit der Nacht. Fünf Jahre kam Rassoul zum Schabneschini zu der Familie und schlief fast jeden Abend mit im Haus. Die Freundschaft zwischen ihm, Mohsen und Bahman vertiefte sich.

Eines Tages kam ans Licht, daß Rassoul nicht wegen seiner Freunde jeden Abend ins Haus kam. Er hatte die Freundschaft nur als Vorwand benutzt, um sich der Schwester Akram zu nähern. Die Wahrheit kam zutage, als Rassoul einen Onkel ins Haus sandte, um für ihn bei den Eltern um Akrams Hand anzuhalten.

Im Iran war es üblich, daß der Brautwerber ein älteres Familienmitglied bat, als Stellvertreter mit den Eltern zu verhandeln. Es wäre unschicklich gewesen, direkt vor das Angesicht der Eltern zu treten.

„Seit fünf Jahren kommt er nun täglich in unser Haus und tut so, als sei er unser Freund. Dabei hat der Hundesohn uns nur dazu benutzt, um nach unserer Schwester zu schielen." Mohsen konnte seinen Zorn nur schwer zügeln. Noch dazu hätten sie Rassoul wegen der ihm angedichteten homosexuellen Aktivitäten nie als Schwager akzeptiert.

Es kam dazu, daß Rassoul von Mohsen derart vehement bedroht wurde, daß er sich aus Angst vor diesem in die Krankheit flüchtete. Eine Woche lang war Rassoul krank vor Angst ans Bett gefesselt und entging so der Konfrontation mit Mohsen. Um zum Dorf zu gelangen, gab es keinen Weg, der nicht an unserem Haus vorbeigeführt hätte.

Schließlich hatten Mohsen und Bahman Mitleid mit ihm. Sie besuchten ihn an seinem Krankenlager und versöhnten sich wieder. Seitdem bestand wieder eine enge Freundschaft zwischen den Dreien. Im Iran waren die Beziehungen der Männer insgesamt untereinander inniger und zärtlicher, als ich es von Deutschland her kannte. Es war durchaus üblich, daß ein Mann seinen Freund umarmte oder ihm die Hand aufs Knie legte, wenn er mit ihm ins Gespräch verwickelt war.

Homosexualität wird im Iran ebenso wie in Deutschland sehr stark verpönt und diskriminiert. Eine Beziehung zwischen zwei Männern paßt nicht in das patriarchische Bild vom männlichen Herrscher und der weiblichen Dienerin. Die ganzen Konventionen von männlicher Stärke und weiblicher Schwäche wurden damit über den Haufen geworfen.

Nachdem Rassoul um Akrams Hand angehalten hatte, kam es zu einer Sitzung innerhalb der Familie. Bahman erinnerte sich noch daran, daß seine Mutter im Beisein der ältesten Schwester ihre beiden Söhne zu sich rief. Sie konnte nicht verstehen, warum ihre Söhne gegen die Hochzeit waren. Rassoul und Akram liebten sich. Nach dem Gespräch mit der Mutter willigte Bahman zur Hochzeit ein.

Für Mohsen war es jedoch undenkbar, daß seine Schwester Akram einen angeblich Homosexuellen heiraten sollte, und er drohte, er würde ihn umbringen. Mohsen und Rassoul versöhnten sich wieder. Aber die Hochzeit kam nie zustande. Heute war nach außen nichts mehr zu spüren von der langen, unerfüllten Liebe, die Rassoul und Akram zueinander hegten. Inzwischen war Akram längst verheiratet und hatte zwei Kinder.

Rassoul war während der drei Monate, in denen wir 1987 im Iran waren, ständig mit uns zusammen. Er ließ die Lehrjungen in seiner Bäckerei alleine arbeiten und fuhr mit uns hin und her. Manchmal war es mir peinlich, wie sehr er sich um uns kümmerte. So hätte es Rassoul nie gewagt, uns eine Bitte abzuschlagen, denn eine Bitte direkt abzulehnen, galt im Iran als etwas sehr Unhöfliches. Leider hatte Rassoul auch zugesagt, wenn er genau wußte, daß er nie in der Lage wäre, sein Versprechen zu halten.

So waren wir eines Tages mit Rassoul verabredet, früh morgens gemeinsam nach Teheran zu fahren. Bahman und ich hatten unsere Tasche gepackt und warteten auf Rassoul am Frühstückstisch. Den Rest des Morgens verbrachten wir wartend auf der Veranda und blickten auf das Tor der Hofmauer in der Erwartung, daß Rassoul jeden Augenblick erscheinen müsse.

Als der Mittagstisch gedeckt war, kam Rassoul gemächlich und ohne jegliche Eile durch das Tor geschlendert. Entrüstet sah Bahman auf die Uhr. Er legte sehr viel Wert auf Pünktlichkeit und war stets darauf bedacht, nie jemanden auf sich warten zu lassen. Ahnungslos setzte sich Rassoul mit großer Selbstverständlichkeit an den Mittagstisch. Bahman sprach ihn mit grimmiger Miene auf die drei Stunden Verspätung an.

„Wieso ärgerst du dich jetzt? Ich bin doch jetzt da", meinte Rassoul verständnislos. „Ich habe noch einige Dinge in der Bäckerei zu erledigen gehabt, damit alles weiterläuft, wenn ich weg bin."

„Das wußtest du doch auch schon gestern, als du uns gesagt hast, daß wir nach dem Frühstück fahren."

An jenem Tag konnten wir nicht nach Teheran fahren, da Rassoul zunächst für sein Auto neue Reifen kaufen mußte. Wir warteten auf den nächsten Tag.

18
Unter Schweizer Fahne

Unsere ursprüngliche Abreise hatte sich um eine Woche verschoben, weil wir unsere Pässe nicht rechtzeitig drei Tage vorher abgegeben hatten.

Wir hatten Glück, daß für den Flug eine Woche später noch zwei Plätze frei waren. Als ich arglos meine Eltern anrief und ihnen von unserem kleinen Mißgeschick erzählt hatte, habe ich große Sorge verbreitet.

In ihrer Phantasie spielte sich nun die Geschichte ab, die durch die Literatur à la Mahmoody verbreitet wurde. Überall war die Rede von den Männern, die ihre Frauen für immer im Iran festhalten wollten. In Gedanken erwogen meine Eltern auch, ob uns die iranische Regierung nicht aus dem Land ausreisen lassen würde. Verzweifelt wollte sich meine Mutter an die deutsche Botschaft wenden.

Währenddessen machten wir uns darüber Gedanken, wie wir die vielen Geschenke nach Deutschland transportieren sollten. Es hatte sich inzwischen noch viel mehr Gepäck als bei unserer Einreise angesammelt.

Reich beladen mit zahlreichen Handarbeiten und Kunstgegenständen, orientalischen Köstlichkeiten und Gewürzen kehrten wir zurück. Gekommen waren wir mit Taschen voller industrieller Massenware.

Mitten in der Nacht fuhr uns Mahmoud mit unserem ganzen Gepäck an den Flughafen. Ich nahm Abschied von dem großen Freiheitsturm und den kunstvoll geschmückten Maidanen, die ich inzwischen mit Namen kennengelernt hatte.

Lange machte ich mir Gedanken, wie ich den Goldschmuck, den ich zu unserer Hochzeit geschenkt bekommen hatte, aus dem Land schmuggeln konnte. Der Schmuck hatte inzwischen für mich eine besondere Bedeutung, und ich wollte ihn nicht gerne ablegen.

Schließlich wickelte ich meine Kette in ein Papiertaschentuch, welches ich anschließend befeuchtete und wie ein gebrauchtes Taschentuch zusammenknüllte. Ich stopfte es tief in die Hosentasche einer verdreckten Jeans, die ich in einer Tüte unter die schmutzige Wäsche mischte.

Die Ohrringe, die Bahman mir geschenkt hatte, zog ich dennoch an, obwohl es nur erlaubt war, einen einfachen Ehering zu tragen. Das übrige Gold mußte normalerweise an der Grenze zurückgegeben werden.

Das Schmuckstück, welches mir am wertvollsten war, die Kette von meiner Schwiegermutter, ließ ich jedoch im Iran zurück. Ich hatte zu große Angst, sie könne mir an der Grenze abgenommen werden.

Auch die Videoaufnahmen unseres Hochzeitsfestes ließen wir zurück. Es hätte sein können, daß wir damit an der Zollkontrolle festgehalten würden.

An der Gepäckkontrolle klopfte mir das Herz, als die Frau die Tasche mit der schmutzigen Wäsche öffnete. Sie hatte mich gefragt, ob ich Gold dabei hätte und ich hatte getan, als würde ich kein Persisch verstehen. Bahman hatte sein Gepäck an einem anderen Schalter abgegeben.

Ich versuchte, nach außen ganz ruhig zu wirken, als sie meine Kleidungsstücke einzeln durchwühlte. Sie zog die dreckige Jeans aus dem Gepäck und begann sie zu schütteln. Ich verzog keine Miene. Das Taschentuch kam nicht zum Vorschein. Die erste Kontrolle war passiert.

Oben warteten die Revolutionsschwestern zur Leibesvisite und Inspektion des Handgepäcks. „Hast du kein Gold?" fragte mich die „Schwester". Sie hatte die Frauen vor mir sehr streng kontrolliert und ihnen sehr viel Schmuck abgenommen.

„Nur das, was ich trage", antwortete ich ihr ehrlich und ließ mich von ihr untersuchen. Ihre Hände glitten über mein Kopftuch, doch sie hatte die großen Ohrringe nicht gefühlt. Sie berührte meinen Hals und besah meine Handgelenke. Zum Schluß mußte ich noch einzeln die Schuhe ausziehen, dann ließ sie mich gehen. Ob sie die Ohrringe wirklich nicht bemerkt hatte?

An der nächsten Kontrolle stocherte eine Schwester mit einem Löffel in der Rosenblütenmarmelade meiner Vorgängerin, um nach Gold und Edelsteinen zu suchen. Mit dem gleichen Löffel, den sie in die süße Marmelade eingetaucht hatte, wollte sie in meinem sauren Granatapfelmark und dem frischen Minzsalz herumrühren.

Hätte ich nicht vorher laut protestiert, sie hätte den Löffel noch nicht einmal abgewischt. „Du hättest deinen eigenen Löffel mitbringen sollen", entgegnete sie mir verärgert, als ich ihr ein Papiertuch zum Reinigen des Löffels reichte.

Als das Flugzeug endlich startete, blickten Bahman und ich schweigend auf das Labyrinth der Dächer und Mauern. Im Licht der Morgenröte lag die Stadt nun zu unseren Füßen. Ich blickte auf das Muster, das die Anordnung der Hochhäuser bildete. Angeblich war aus der Luft noch immer die Krone des Schahs zu erkennen. Der Schah hatte versucht, mit Wolkenkratzern eine architektonische Schrift zu bauen, die die Leute aus den Flugzeugen erkennen konnten. Die gigantischen Hochhäuser wurden nie vollendet und blieben als Mahnmal einer Vision des Größenwahns, einer falsch verstandenen Zivilisation, die fast in ihrem uneingeschränkten westlichen Fortschrittsglauben die östlichen Traditionen überrollt hätte.

Ich konnte die Krone des Schahs nicht erkennen. Unter mir sah ich die Berge wie einen Tellerrand die Stadt umgeben. Als ich über diese Stadt blickte, hegte ich in meinem Herzen den großen Wunsch, ihr beim nächsten Mal zu Zeiten des Friedens begegnen zu können.

Während des Zwischenstops in Genf schlenderte ich auf die Tür der Rollbahn zu. Dort fiel mir ein großgewachsener Mann auf. Sein blondes, schütteres Haar, der elegante europäische Anzug mit der passenden Krawatte und dem Diplomatenkoffer markierten ihn als Ausländer in diesem Flugzeug. Wir kamen miteinander ins Gespräch und es stellte sich heraus, er war ein Deutscher.

„Ich war in Teheran auf einer internationalen technischen Ausstellung", erklärte er mir. „Und was haben Sie dort ausgestellt?" „Waffen. Unter Schweizer Fahne. Nächste Woche fliege ich nach Bagdad."

Nach und nach sickerte später ein Teil der Katastrophenmeldungen von deutschen Waffengeschäften durch die Presse. Ich fühlte mich tief schuldig. Meine Landsleute verdienten an dem Krieg. Der Wohlstand dieses Landes, in dem ich lebte, von dem ich profitierte, war auf dem Boden des Völkermordes und der Ausbeutung der Armen gewachsen.

Hautnah bekam ich im nächsten Jahr zu spüren, wie Deutschland das Feuer des Krieges unterhielt, bis genug niedergebrannt war, um sich mit der Hilfe am Aufbau wieder zu bereichern. Dabei war Deutschland nur ein Land unter vielen anderen, die sich an dem Spiel der Zerstörung und des Aufbaus beteiligten.

19
Schwarzer Frühling

Bahman und ich hatten unsere nächste Reise in den Iran für kommendes Frühjahr geplant. Wir wollten das persische Neujahrsfest im Kreis der Familie erleben. Leider erforderten die Aufgaben meines Studiums von mir noch etwas Zeit, so daß Bahman drei Wochen vor mir in den Iran reisen wollte.

Gerne hätte ich ihn schon am ersten Tag nach Iran begleitet. Ich war sehr traurig, als wir uns an jener Barriere trennten, an der ich im Jahr zuvor das Kopftuch aufgesetzt hatte. Ich weiß nicht, warum mir die Tränen bei jenem Abschied kamen. Es sollte doch nur eine Trennung für drei Wochen sein, bis ich nachkommen konnte.

Am nächsten Tag wartete ich auf den Telefonanruf, um zu hören, ob Bahman ohne Probleme angekommen war. Der Anruf blieb aus. Ich konnte es nicht verstehen. Ich wußte, daß Bahman anrufen würde, sobald er gut angekommen sei.

Unruhig und besorgt schaltete ich den Fernseher ein. In der Tagesschau kam ein Bericht aus Iran: Sirenen heulten. Bombenalarm. Menschen flohen in die Schutzbunker. Die Bomben regneten auf die Stadt. Alle Telefonleitungen waren blockiert. Ich versuchte, nach Teheran anzurufen. Die Leitung war besetzt. Täglich wählte ich mir die Finger wund. Keine Verbindung. Die Nachrichten aus dem Radio und Fernsehen, die Zeitungsmeldungen jagten mir Angst und Schrecken ein. Ich erkannte die Gegenden Teherans, die im Fernsehen gezeigt wurden. Auch Bilder aus dem Viertel, in dem unsere Familie wohnte. Der Ton des iranischen Nachrichtensenders im Radio war kaum zu verstehen. Ein iranischer Freund gab mir schließlich die Nachricht, daß auch Bomben auf die Dörfer Gilans fielen.

Kein Lebenszeichen von Bahman und der Familie. Ich träumte

nachts vom Heulen der Sirenen und den Schreien der Kinder. Nach drei Wochen kam endlich ein Telegramm: „Komme nicht nach Iran. Bin bald da.“

Einige Tage später hörte ich Bahmans Stimme am Telefon. Der laute Hintergrund des Busbahnhofes erlaubte es mir nur, Fetzen zu verstehen. Er hatte sich mit einem Bus in die Türkei gerettet und wollte von dort nach Deutschland fliegen. Keinem in der Familie war etwas passiert.

In Wochen schien Bahman um Jahre gealtert zu sein. Auch aus meinem eigenen Spiegelbild blickten mir graue Haare entgegen. Ich hatte sie in den einsamen Nächten der Angst bekommen.

Viele Nächte lang weckten mich noch Bahmans Schreie, wenn er schweißüberströmt von dem Bombenregen träumte.

Bahman kehrte genau am Tag des persischen Neujahrsfestes zurück. Es war für mich, als hätte das Jahr 1988 keinen Frühling, als ob die Blüten der Bäume in jenem Jahr keinen Duft versprühten. Ich litt an einer langen Erkältung, die mich den Geruch des Frühlings nicht wahrnehmen ließ.

Im Iran dauerte das Neujahrsfest dreizehn Tage. Während dieser Zeit des Jahresanfangs begegnete sich die ganze Familie. Jeder Tag war ein Fest. Aus diesem Grund wollten wir den Neujahrsbeginn im Iran verbringen. Am dreizehnten Tag des Jahresanfangs war ein besonderer Tag. „Sizdah-be-dar“, hieß wörtlich „Der Dreizehnte vor der Tür“. An diesem Tag gingen alle Menschen aus dem Haus heraus ins Freie, aufs Land, ans Meer oder in die Berge.

Eine persische Kommilitonin von mir wollte ebenfalls an diesem Neujahrsfest nach Iran reisen. Auch sie war vom schwarzen Regen abgehalten worden. Am dreizehnten Tag des Jahresanfangs kam sie uns besuchen. Sie schenkte uns zwei lila Hyazinthen. Wir gingen durch den Mainzer Volkspark spazieren, sprachen über die Schönheit der Kunst, der wahren Kunst, nicht jener, die bloß versucht, eine schlechte Kopie der Natur zu sein, und schwiegen über die Bomben. Es war Frühlingsanfang. In Deutschland lagen die Knospen noch im Schlummer, während die Bäume im Iran schon mit duftenden Blüten geschmückt waren.

Im Spätsommer erst verstummten die Waffen. Nur der Friedensvertrag kam nicht zustande.

20
„Nachwehen“

In Deutschland wehte schon der Herbstwind, als wir uns zu unserer nächsten gemeinsamen Iranreise aufmachten. Dort war im Herbst das Gras noch grün.

Auch auf dieser Reise schrieb ich öfter kleine Notizen in ein Tagebuch:

„Montag, 10. 10. 1988

Genau ein Jahr ist nun vergangen, seit ich von der letzten Iranreise zurückgekehrt bin. Nicht nur der Knoten des Kopftuches hat sich gelockert. Entspannt genieße ich die Atmosphäre im Flugzeug. Ein buntes Stimmengewirr in verschiedenen Sprachen. Bunte Kopftücher, die locker über den Haaransatz gleiten und kein Aufpasser, der einen nötigt, die widerspenstigen Haarsträhnen zu zähmen. Ich bin keine Exotin mehr unter den Reisenden. Keine verwunderten Blicke mehr, als ich erwähnte, in den Iran zu reisen. Wie selbstverständlich mischten sich viele Deutsche und Japaner unter die Fluggäste. An der Gepäckaufgabe saßen Frauen, geschminkt und ohne Kopftuch. Nicht nur die Kleider, auch die Gesichter haben sich aufgehellt.

Montag, 17. 10. 1988

Der Glimmer des Friedens trügt. Die Kinder lachen wieder. Die Angst ist aus ihren Gesichtern gewichen. Nur noch selten sieht man die Geländewagen der Aufpasser auf den Straßen. Die Schlangen vor den Geschäften sind kürzer und seltener geworden. Aufatmen.

Doch noch immer ziehen Trauerzüge durch die Straßen. Noch immer hat sich im Land drinnen nichts geändert. Die Waffen stehen still. Der Staub setzt sich langsam fest und der Blick wird frei für das, was der Sturm in den letzten Monaten angerichtet hat.

Ein alter Mann betritt das Haus der Schwester, die Augen nach unten gerichtet, mit vor Gram gebeugten Schultern. Teilnahmslos blickt er auf die Kinderschar um ihn herum. Das angebotene Obst lehnt er ab. Wegen seiner Magengeschwüre verträgt er die Säure der Früchte nicht. Seine Hände zeigen die Spuren harter Arbeit. Mit einer Hand fährt er in die Tasche seines verbeulten dunkelblauen Anzugs und holt ein kleines, in Zeitung verpacktes Bündel hervor. Es ist genauso verschnürt wie die Zeitungsbündel der Reishändler, in denen sie Kostproben ihrer Ware anbieten.

Dann beginnt er seine Geschichte zu erzählen. Es geht ihm wirtschaftlich gut, jetzt. Er bekommt vom Staat einen Kühlschrank und ein Auto. Als Preis dafür hat er seinen Sohn hergegeben.

Jetzt in den letzten Tagen nach dem Waffenstillstand kam sein Sohn bei einem Gefecht mit den Modschahedins ums Leben. Die Tränen treten dem alten Mann in die Augen. Er reichte uns das verschnürte Bündel.

Mit den vom frischen Obst verklebten Fingern traue ich mich nicht, das Bündel anzufassen. Ich wasche mir den roten Saft der Granatäpfel von den Händen und nehme eines der Bilder aus dem Zeitungsbündel.

Eine mit Blut verklebte, verkohlte, mit Uniformhose bekleidete Leiche. Man sieht nur den Körper bis zu den Armen.

Eine Träne rollt über die knochigen Wangen des Vaters. Ein kalter Schauer läuft mir über den Rücken. Langsam schiebt Bahman das nächste Bild hervor. Ein Schrei bleibt mir im Hals stekken. Der Vater wendet den Kopf zur Tür. Die Schultern zeichnen sich deutlich vom Leichentuch ab, doch die schwarz verkohlte Brust endet in einem roten Etwas. Uns stockt allen der Atem. Die Bilder eines verstümmelten Torso.

Kaum faßbar ziehen die weiteren Bilder an unseren Augen vorbei, bis ein Bild von einem jungen kräftigen Mann in einem dunkelblauen Trainingsanzug auf einem Fußballfeld im frischem grünen Rasen erscheint. Die feinen Züge seines Gesichts, das dichte schwarzgelockte Haar, die großen dunklen Augen mit den dichten Brauen, so mag sein Vater ausgesehen haben in seiner Jugend, sein Vater, der jetzt weinend und zusammengefallen vor uns sitzt, der mit großen Mühen zehn Kinder großgezogen hat, der immer früher vom Tisch aufstand, damit die Kinder genug zu essen bekamen, sein Vater, der jetzt seinen Kopf zu Boden neigte, dem nur noch die Bilder der Leiche seines geköpften Sohnes übrig blieben.

Ein anderer Vater bekam die Leiche seines Sohnes aus dem Krieg ausgehändigt und schaufelte für ihn ein Grab auf dem Friedhof. Jahre vergingen. Die Erde trat sich fest um den neuen Brunnen, den der Vater in seinem Hof vor dem Haus gegraben hatte. Die Trauer um den verstorbenen Sohn setzte sich ebenfalls fest in den Gedanken der Familie, obwohl man beim Anblick der Leiche kaum fassen konnte, daß dies einmal der Sohn gewesen sein sollte.

Eines Morgens betrat der Vater den Hof, noch im grauen Nebel und in der Taufrische, um Wasser aus dem Brunnen zu schöpfen. Als er den Eimer am Seil hinabließ und den Kopf über den Rand des Brunnens beugte, sah er seinen Sohn. Eine aufgeschwemmte Leiche starrte ihm entgegen.

Man hatte dem Vater vor einigen Jahren einen fremden Leichnam ausgeliefert. Sein wirklicher Sohn war am Leben geblieben und in der letzten Nacht zurückgekehrt. Da der Sohn nichts von dem neuen Brunnen ahnen konnte, fiel er in der Dunkelheit der Nacht in das tiefe Loch, welches noch nicht von einer schützenden Mauer umfaßt war. Vor den Stufen des Heimathauses fand er seinen Tod. Krieg und Gefangenschaft hatte er überlebt.

Der Vater hatte die Leiche eines anderen begraben, und nun ertrank sein leiblicher Sohn vor der Schwelle der verschlossenen Tür. Statt eines Brunnens hatte der Vater das Grab seines Sohnes gegraben.

An der Front trug der Soldat ein Halsband mit seiner Registriernummer. Oft war diese Nummer das einzige Zeichen, aufgrund dessen ein Leichnam identifiziert werden konnte. Die zerfetzten Körper wurden eingesammelt und die Halsketten, die auf dem

Schlachtfeld liegengeblieben waren, wurden den zerstreuten Körperteilen zugeordnet. Anhand der Liste der gefundenen Registriernummern wurden dann die Todesnachrichten an die Eltern verschickt.

Die Eltern, die als einziges Andenken an ihre Söhne nur noch diesen weißen Zettel in der Hand hielten und keinen Leichnam zu sehen bekamen, gruben in ihrer Verzweiflung oft ein leeres Grab auf dem Friedhof. Auf dem Grabstein stellten sie ein Bild des Märtyrers auf. Es sah aus wie ein kleiner Heiligenaltar. Auf diese Weise schufen sie sich einen Ort, an dem sie den Tod des Sohnes beweinen konnten.

Wie viele andere Familien, erhielten die Eltern eines Soldaten in einem gilanischen Dorf auf diese Weise die Todesnachricht ihres Sohnes.

Sie bereiteten eine große Trauerfeier vor. Am dritten Trauertag wurde wie üblich ein Mullah eingeladen, um eine Trauerrede zu halten. Wenn ein junger Mensch den Märtyrertod starb, erschienen genauso viele Gäste wie auf einem Hochzeitsfest.

Während der Mullah mit seinen Reden die Frauen zum Weinen brachte und die Männer sich mit ihren Händen auf den Kopf schlugen, während das Klageheulen der schwarzgekleideten Menge seinen Höhepunkt erreichte und die Kinder in stiller Andacht auf den Schößen ihrer Mütter ruhten, wurde die versammelte Trauergemeinde jäh aus ihrem Schmerz herausgerissen.

Der verstorben geglaubte Sohn betrat leibhaftig das Haus. Er war als Gefangener verschollen gewesen. Seine Kette mit der Registriernummer mußte wohl im Eifer des Gefechts auf dem Schlachtfeld gebleiben sein. Er hatte es geschafft, sich aus seiner Gefangenschaft zu befreien und war nun bestürzt, bei der glücklichen Ankunft in seiner Famuilie auf eine riesige Trauerfeier im eigenen Haus zu treffen.

Zunächst war er sehr bestürzt. Er glaubte, sein Vater oder seine Mutter seien verstorben. Erst später begriff er, daß er zu seinem eigenen Trauermahl als Gast erschienen war. Er labte sich am Leichenschmaus. Beerdigt wurde die Todestrauer, und er konnte um seinen Grabstein tanzen.

Während ich beim Ashura, dem höchsten Trauertag im Monat Moharam die Ameisen am Grab der Mutter beobachtet hatte und die Rufe der Männer „Ja, Hussein" vom eindringlichen Weinen unserer entfernten Verwandten am Grab nebenan übertönt wurde, hatte ich noch nicht gewußt, daß auch sie an einem leeren Grabstein beteten. Die Mutter war vom Märtyrertod ihres Sohnes überzeugt. Sie hatte ihm ein Grab geschaufelt, obwohl sie noch nicht einmal eine Todesnachricht erhalten hatte. Nach offiziellen Angaben war ihr Sohn noch am Leben. Doch die Mutter saß allein an seinem leeren Grab und weinte laut im Chor der Frauen.

Auch in diesem Jahr hatten wir noch immer keine Nachricht von dem Cousin Bahmans erhalten. Obwohl Ameh Sarah seit fast zwei Jahren zu Hause auf ihn wartete, gab sie nie die Hoffnung auf. Selbst wenn sie seinen Leichnam gesehen hätte, hätte sie es vielleicht nicht geglaubt.

Auch ich war überzeugt, daß der Cousin noch lebte. Ameh Sarah und ich schrieben gemeinsam einen Brief an eine Hilfsorganisation in der Türkei, die Kontakte zu gefangenen Soldaten im Irak vermittelte. Ein Jahr später wurde er tatsächlich aus der irakischen Gefangenschaft entlassen.

Viele können auch nach Jahren noch nicht fassen, daß ihre Kinder ums Leben gekommen sind.

Die Bombenangriffe und der „Raketenregen", wie man im Iran die Attacken wörtlich übersetzt nennt, haben so viel Staub aufgewirbelt, daß die Menschen zu dieser Zeit sich vor Angst nicht mehr mit den Grausamkeiten auf dem Schlachtfeld auseinandersetzen konnten.

26. 10. 1988

Lange konnte ich nicht schreiben. Unglaublich, wie schnell sich die Menschen mit dem Schicksal abfinden, Schicksal gemeint als politische Lage, die als gegeben hingenommen wird. Nach einem Monat hatten sich die Menschen an den Alarm gewöhnt. Ein Paar feierte sogar seine Hochzeit im Schutzbunker. Doch kam es vor, daß beispielsweise ein Geburtstagsfest mit fünfzehn Teenagern im Drama endete. Ganze Hochzeitsfeiern waren von den Raketen getroffen worden.

Das Leben hier macht die Menschen zu Lebenskünstlern. Heute weiß keiner, welche Regeln morgen herrschen. Dieses Leben im Hier und Jetzt ist ansteckend und hilft über die überflüssigen Zukunftsängste hinweg. Das enge Zusammenleben in der Familie hält vom Denken ab.

Die Zeit des Bombenregens und des Schreckens war für in Teheran lebende Halunken eine Zeit des Blütenregens und der Schadenfreude.

Während ganze Familien aus Furcht die Stadt verließen, plünderten Diebe in der Zwischenzeit ihre Häuser aus. Wenn eine Bombe irgendwo eingeschlagen war, kamen nicht nur Menschen herbeigeeilt, um die Überlebenden zu retten, sondern auch so manche, nur um sich das Hab und Gut der Opfer unter die Nägel zu reißen. Das Ganze ging so weit, daß die Regierung zu dieser Zeit Umzüge verbieten mußte. Nur auf diese Weise konnten sie das Ausplündern der Opfer unter Kontrolle halten. Jeder, der in der Stadt Umzugsgut oder ähnliches transportierte, machte sich des Diebstahls verdächtig.

Bei Bombenalarm lauerte so mancher vor den Fenstern der Goldgeschäfte und wünschte sich, eine Bombe möge einschlagen und damit freien Zugriff zu den Schätzen der Juweliere geben. Viele Menschen setzten für das Geld ihr Leben aufs Spiel.

Bahman fragte nach einem Bombenangriff einen Taxifahrer, wieviel er für die Fahrt nach Norden verlangte. Der Fahrer nannte einen utopisch hohen Preis. Bahman fand seine Forderung zunächst unverschämt. Der Fahrer bemerkte sein verärgertes Gesicht und grinste:

„Paß auf, wenn die nächste Bombe kommt, dann nehme ich das Doppelte. Die Fahrpreise richten sich nach der Zahl der Bomben. Je mehr fallen, desto teurer wird es."

Ein anderer Fahrer gestand Bahman, daß jetzt die beste Zeit sei, um Geld zu verdienen. Er wünschte sich, daß die Bombenanschläge nicht aufhören würden.

Für Arezo, die Cousine aus Teheran, gestaltete sich das Erlebnis der Bombenangriffe anders. Während draußen die Sirenen Alarm gaben, lag Arezo auf dem Geburtssessel der Gynäkologen gefesselt. Sie hatte Angst, daß die Ärzte und Krankenschwestern alle weglaufen würden, um sich in den Schutzbunkern zu verkriechen. Aber dem medizinischen Personal war es zu dieser Zeit untersagt, die Stadt zu verlassen.

Es war eine schnelle Geburt. Die Ärzte hatten sich für einen Kaiserschnitt entschieden, obwohl Arezo einen ganz normalen Schwangerschaftsverlauf ohne Lageanomalien hatte.

Ich bin mir nicht sicher, ob das Kind mit Kaiserschnitt entbunden wurde, weil draußen die Sirenen heulten oder ob diese Form der Geburtshilfe aus finanziellen Gründen einer natürlichen Geburt vorgezogen wurde.

Mir war aufgefallen, daß viele Gynäkologen im Iran den Frauen zu einer Entbindung mit Kaiserschnitt rieten, weil es angeblich für die Frau sicherer und harmloser sei.

Auf diese Weise konnten sie den Zeitpunkt der Geburt selbst bestimmen. Da Kinder auf natürliche Weise meistens nachts auf die Welt kamen, gelang es ihnen, durch diesen Kunstgriff zu verhindern, daß sie so häufig nachts aus dem Schlaf gerissen wurden. Außerdem verdienten sie auf diese eingreifende Art der Geburtshilfe mehr Geld.

Arezos Wunden heilten schlecht. Das Trauma der Geburt ihres Sohnes während der Bombenangriffe lastete so tief auf ihrer Seele, daß sie nicht in der Lage war, ihr Kind zu stillen.

21
Mittendrin

Das Land war mir beim zweiten Besuch viel vertrauter. Obwohl ich weiterhin nur oberflächlich Persisch sprach, hatte ich nicht mehr das große Bedürfnis, mich im Iran in meiner Muttersprache auszudrücken. Ich führte mein Tagebuch nicht weiter fort.

Dafür beschenkte mich das Vertrautwerden mit der persischen Sprache mit einer neuen Denkweise.

Allein schon an der Sprache läßt sich der Umgang der Menschen miteinander erkennen. Auch wenn ich nicht in der Lage bin, die Sprache der großen persischen Dichter und Denker, wie Saadi, Hafes, Ferdousi, Rumi und vieler anderer zu verstehen, so bin ich doch in der Lage, die Sprache der einfachen Menschen zu verstehen.

Wenn ein Bauer den anderen im Reisfeld schwer arbeiten sieht, ermutigt er ihn."Sei nicht müde!" oder „Möge Gott Dir Kraft geben" und der Arbeitende antwortet ihm: „Ich opfere mich für Dich!"

„Möge Deine Hand Dir nicht wehtun!"- so bedankt sich ein Gast nach einem vorzüglichen Mahl bei der Hausfrau. „Möge es Deinen Geist (Deine Seele) stärken!" erwidert sie ihm dann.

In der persischen Sprache des Alltags liegt für mich eine große Tiefe. Sie beginnt schon in der Anrede. Innerhalb der Familie oder unter engsten Freunden sprechen sich die Menschen gegenseitig mit dem Wort oder dem Namenszusatz „Djan" an, was etwa mit Geist oder Seele zu übersetzten ist, im übertragenen Sinn die Ganzheit von Körper, Geist und Seele meint.

Diese Worte sind nicht bloße Floskeln. Sie spiegeln die Tiefe des Empfindens im menschlichen Umgang.

Die Gefühle gewinnen in der Gemeinschaft an Intensität. Aus der Tiefe der Trauer entspringt die Höhe der Freude.

Normalerweise werden die Tänen im Iran nicht verschluckt, sondern gemeinsam geweint. Es fällt mir schwer, zu beschreiben, wie ich mich fühlte, nachdem ich mit meiner Familie am Grab der Mutter meine Tränen losließ. Ich habe versucht, es in einer Metapher auszudrücken:

Mondperlen

Weine Deine Tränen los
Damit sie morgen
als Tautropfen
in der Sonne glänzen

Die Demut und der gegenseitige Respekt, den die Menschen voreinander wahren, zum Beispiel in der Geste, daß der Sohn es aus Respekt nie wagt, vor den Augen des Vaters eine Zigarette zu rauchen, auch wenn beide schon Großvater und Urgroßvater sind, ermöglicht es, die Nähe zu ertragen. Deshalb brauchen sich im Iran die Menschen nicht voneinander zu isolieren.

Auch der Tod spielt sich im Kreis der Familie ab. Die Menschen achten und pflegen einander in Liebe. Auch wer, ja gerade wer in der Gesellschaft nicht mehr oder noch nicht produktiv tätig ist, wird von der Gemeinschaft aufgenommen und versorgt.

Ich fühlte mich im Iran inzwischen nicht mehr als ein Gast, sondern ich war zum Mitglied der Familie geworden. Ich hatte dort meine festen Aufgaben und Betätigungen, so daß ich gar nicht mehr das Bedürfnis hatte, alleine in einer Ecke zu sitzen.

Inzwischen ging ich auch ohne Begleitung durch die Straßen und fühlte mich frei in meinen Bewegungen. In jenem Jahr ging ich mutigen Schrittes durch die Straßen, trug ein dezentes Make-up und hatte den Knoten in meinem Kopftuch durch einen kleinen Plastikklips ersetzt, wie er zur Zeit im Iran Mode geworden war.

Meine Schwägerin Nasrin, selbst eine Anhängerin der Revolution, hatte mir ein großes Kopftuch geschenkt, welches mit bunten Blumen bedruckt war. Selbstbewußt trug ich diese leuchtenden Farben. Niemand hielt mich deswegen auf der Straße an.

Inzwischen waren wir mitverstrickt in die Probleme der Familie und die Schwierigkeiten des Alltags mit der Sorge um Nahrung, Wohnen, Gesundheit, Geld, Beruf und Bildung, so daß ich den Ängsten vor den Pasdaran nicht mehr so viel Aufmerksamkeit schenkte.

An dem Tag, an dem das Dach gedeckt war, hatte Mohsen mit seiner Familie sein eigenes Haus bezogen, obwohl nur die Küche mit Fenster und Tür versehen war. Doch die ganze Familie fand Platz in dem kleinen, unverputzten Raum. Sie zogen auf eine Baustelle, um nicht mehr länger mit meiner Stiefschwiegermutter unter einem Dach leben zu müssen.

Die Frau meines Schwiegervaters hatte inzwischen ihr drittes Kind zur Welt gebracht. Als wir in Teheran ankamen, erhielten wir die Nachricht, daß der neugeborene Sohn sterbenskrank war. Wir eilten nach Aliabad.

Ich hatte von der Schwangerschaft der Schwiegermutter nichts bemerkt. Sie war so dick, daß sie eigentlich permanent wie eine schwangere Frau ausgesehen hatte. Ihr war auch jetzt nicht anzusehen, daß sie vor drei Wochen entbunden hatte.

Der kleine Farid lag auf einem Polster gebettet in der Küche. Alle Fenster waren geschlossen. Der heiße, scharfe Kochdunst stand in der Luft. Im Raum war es so feucht und warm, daß das kondensierte Wasser in kleinen Rinnsalen an den Wänden herunterlief.

Das Kind schlief in einer Ecke der Küche, weil die Mutter es keinen Moment aus den Augen lassen wollte. Die Nachbarn und Verwandten hielten sich ebenfalls in diesem Raum auf.

Ich zog mich in die kleine Ecke zurück, in der Farid gebettet lag. Nur sein kleines, gelbes Gesichtchen lugte hervor. Sein ganzer Körper war in ein weißes Tuch eingewickelt und zusammengeschnürt. Ich hatte noch nie so etwas gesehen und blickte entsetzt auf das gefesselte Kind.

„Warum hat sie ihr Kind so eingeschnürt?" fragte ich Golnar leise flüsternd.

„Das ist im Norden so Sitte", erklärte mir Golnar. „Wir sind als Kinder auch immer eingeschnürt worden. „ Die Mutter mußte ihre täglichen Hausarbeiten verrichten und zudem ihre Aufmerksamkeit auf mehrere Kinder gleichzeitig lenken. Meistens wurden die Kinder zusammengeschnürt in einen Wiegenkorb aus Bambusholz mit Bastflechtgitter gelegt, der mit einem Seil an der Decke aufgehangen war. Im Vorbeigehen tippten die Geschwister und die Mutter gelegentlich die Wiege an, die dann lange hin und her schwang.

Farid war so fest eingeschnürt, daß er nur noch flach atmen konnte. Ich streichelte seine feuchte Wange, doch er war zu schwach, die Augen zu öffnen. Selbst zum Schreien hatte er keine Kraft.

Sie hatten das Kind nach Rasht zum Arzt gebracht und dieser hatte starke Breitspektrumantibiotika verschrieben. „Die Spritzenfrau ist nicht gekommen. Kannst Du ihm bitte die Spritze geben?" bat mich Mitra. Dazu mußte ich seinen kleinen Körper erst von den Schnüren befreien.

Ich schämte mich vor den Nachbarn und entfernten Verwandten wegen dem verwahrlosten Zustand des Kindes und des ganzen Raumes. Sie hatten sich im Raum versammelt und hinter vorgehaltener Hand über die Schlechtigkeit von Mitra getuschelt. „Ihr müßt den kleinen Farid ein wenig alleine lassen. Das Kind braucht Ruhe und frische Luft", erklärte ich den Schaulustigen.

Nachdem es endlich etwas ruhiger und leerer im Raum geworden war, begann ich, Farids zarten Körper aus dem Tuch zu wikkeln. Der Schweiß lief auf seiner Haut herunter, weil er in Nylonwäsche gekleidet war. Seine Windeln trieften, da der Kunststoff nicht in der Lage war, auch nur einen Tropfen aufzusaugen. Noch dazu war über die Windel ein wasserabweisendes Plastiktuch gebunden, unter dem sich die ganze Nässe staute.

Gemeinsam mit Mitra machte ich den kleinen Farid frisch. Zufällig besaß ich eine Zinkpaste, die ich ihr geben konnte. Da die Kinder oft an Wundsoor litten, hatte ich eine solche Paste gegen Hautpilz eingesteckt. Der Hautpilz hatte sich in sämtlichen Hautfalten eingenistet, und seine Pusteln hatten sich über den ganzen Po verbreitet.

Als ich den kleinen verwahrlosten Farid in meinen Händen hielt und das schnelle Pochen seines jungen Herzens fühlte, hätte ich ihn am liebsten mitgenommen. Einen Augenblick lang bekam ich einen seltsamen Anflug. Wie ein Blitz schoß mir der Wunsch durch den Kopf, er möge mein eigener Sohn sein. Ich wollte ihn gesundpflegen und auf ihn achtgeben.

Zum Glück besaß Mitra noch einige alte Baumwollwindeln von den anderen Kindern, die sie verwahrt hatte. Sie verließ die Küche, um nach ihnen zu suchen. Nur noch Ameh Ashraf war neben mir im Raum geblieben. Als sie mich sah, wie ich den kleinen Farid in meinen Händen hielt, raunte sie mir zu:

„Nimm ihn doch mit. Bei dir wird er bestimmt gesund."

Es war, als hätte sie meinen Gedanken erraten. Entsetzt war ich über meine eigenen Gedanken, das Kind bei uns aufzunehmen. Natürlich hatte ich den Wunsch, Mutter zu werden und dieser Wunsch war bisher für uns noch nicht in Erfüllung gegangen. Aber ich kannte auch die Geschichte von Nasrin, meiner Schwägerin, die als Baby zu der kinderlosen Tante weggegeben wurde. Ich war froh, als Mitra die Windeln brachte.

Die Spritze, mit der ich das Antibiotikum aufzog, war von der gleichen Größe, wie die für Erwachsene. Es tat mir im Bauch weh, als ich mit dieser dicken Nadel in die zarte dünne Haut stechen mußte. Dankbar blickte Mitra zu mir auf. Tränen liefen ihr über die Wangen. „Ich habe solche Angst, daß er stirbt. Was kann ich denn tun?"

Schließlich besprachen wir, wie wichtig es war, daß sie das Kind warm und trocken hielt. Gemeinsam kleideten wir Farid in Baumwollkleidung und deckten ihn mit einer leichteren Decke zu.

Dann ging ich hinaus in den Salon, wo die anderen Frauen warteten. „Am besten geht ihr nicht mehr in die Küche. Sonst bringt ihr ständig neue Keime mit hinein, die Farid jetzt nicht verkraften kann."

In jener Nacht konnte ich nicht schlafen. Ich konnte nicht loslassen von meinen Gedanken um Farid. Außerdem spielte sich Nasrins Geschichte wie ein Film vor meinen Augen ab.

Als Säugling war sie von ihrer leiblichen Mutter getrennt worden und hatte ihre wahre Mutter nur als die Frau ihres Onkels väterlicherseits kennengelernt.

Die Tante liebte Nasrin abgöttisch. Mit den Jahren verdrängte sie die Tatsache, daß Nasrin nicht ihr eigenes Kind war und gab sie offiziell als ihre leibliche Tochter aus. Damit war das Problem ihrer Kinderlosigkeit, weswegen ihr erster Ehemann sie verlassen hatte, gelöst.

Mit der Wirklichkeit wurde sie erstmals wieder konfrontriert, als sie sich bei der Hochzeit von Nasrin als deren rechte Mutter ausgab. Der Standesbeamte konnte an Nasrins Papieren sofort erkennen, daß sie nicht ihre Tochter war, da sie nicht beide den gleichen Nachnamen haben konnten. Die Kinder erhielten immer den Namen ihres Vaters, während die Mutter ihren Mädchennamen beibehielt. Auf diese Weise fiel es auf, daß sie eine Schwester des Vaters war. Im Iran war es üblich, daß die Eltern der Frau in die Hochzeit einwilligten. Doch Nasrins wirkliche Eltern wußten gar nichts von der geplanten Hochzeit. Sie erfuhren es erst, als sie zum Standesamt zum Unterschreiben gerufen wurden.

Nasrin wußte lange nichts von dieser ganzen Geschichte. Sie behandelte ihre eigenen Geschwister wie ihre Cousinen und Cousins. Im Haus ihrer Ameh führte sie ein abgeschiedenes Leben. Ameh war sehr diszipliniert und geizig. Sie zählte jeden Wassertropfen, den sie Nasrin zu trinken gab. Nasrin lernte im Gegensatz zu ihren Geschwistern kaum etwas über die Pflichten einer Hausfrau und Mutter. Dafür durfte sie das Gymnasium in der Stadt Rasht besuchen und war die einzige in der Familie, die neben Bahman Abitur hatte.

Von ihren eigenen Geschwistern wurde sie immer abgelehnt. Sie wurde als faul und schmutzig beschimpft. Nasrin hatte große Probleme mit ihrer Identität, als sie im Erwachsenenalter erfuhr, wessen Tochter sie wirklich war.

Nasrin heiratete später einen Mann, der sie geduldig und behutsam immer näher zu ihrer eigentlichen Familie zurückführte. Als sie ihr erstes Kind bekam, lehrte sie ihre Tochter zunächst, ihre Tante als Großmutter anzureden. Sogol erlag dem gleichen Schicksal wie Nasrin. Ihre Tochter wurde genau wie sie selbst nicht in den Kreis ihrer Cousins und Cousinen aufgenommen und als zurückgeblieben verhänselt. Nasrin kannte sich nicht aus in der Versorgung eines Kindes. Von ihrer Tante war sie zu größter Sparsamkeit erzogen worden. Genau wie ihre Tante sie erzogen hatte, zählte Nasrin jeden Tropfen Milch, den sie dem Kind zu trinken gab. Sogol litt an schwerster Unterernährung. Schließlich brachte ihr Mann sie mit dem Kind zum Arzt. Langsam lernte Nasrin, wieviel Nahrung ihr Kind benötigte und Sogol wuchs zu einem hübschen, klugen Mädchen heran.

Nasrin wollte jedoch keine weiteren Kinder. Zu ihrem Leidwesen konnte sie die Antibabypille nicht vertagen und die Spirale, die der Arzt ihr zur Verhütung eingesetzt hatte, mußte wegen einer Entzündung entfernt werden. Nasrin war zum Zeitpunkt unseres Hochzeitsfestes hochschwanger gewesen. Bald danach bekam sie eine Listerioseinfektion, und es kam zu einer Fehlgeburt. Nasrin und ich hatten öfter offen über die Methoden der Schwangerschaftsverhütung miteinander gesprochen, aber wir waren zu keiner Lösung gekommen, die für sie akzeptabel schien. Dennoch wünschte sich Nasrin keine weiteren Kinder. Nach ihrer ersten Fehlgeburt war sie sofort erneut schwanger geworden. Während der Bombenangriffe im Iran hatte sie wiederum eine Fehlgeburt. Diesmal durch eine Toxoplasmoseinfektion.

Zur Zeit war Nasrin wieder schwanger. Noch immer lehnte sie innerlich die Vorstellung an ein zweites Kind ab. Noch immer litten Nasrin und Sogol unter ihrer Außenseiterposition in der Familie.

In jener Nacht beschloß ich, mich gegen Nasrins Ablehnung innerhalb der Familie zu wehren. Auch ich hatte Nasrin immer anders als meine anderen Schwägerinnen behandelt.

Meine Gedanken kehrten zurück zu Farid, dessen Mutter ebenfalls nicht von der Familie angenommen wurde. Ich spürte, wie ich mich gestern ihretwegen vor den Nachbarn und Verwandten geschämt hatte. Dann dachte ich an ihre Tränen. Ich erschrak abermals über meinen Impuls, ihr das Kind aus den Händen zu nehmen.

Am nächsten Tag ging ich wieder in das Haus des Schwiegervaters, um Farid seine Spritze zu geben. Ich fand den Kleinen sauber gebettet in der gutdurchlüfteten trockenen Küche vor. Sein Fieber war gefallen. Ich umarmte Mitra vor Freude.

Keiner der Familie konnte verstehen, wieso meine Stiefschwiegermutter und mein Schwiegervater in ihrem Alter noch ein drittes Kind in die Welt setzen konnten. Die Versorgung der Kinder war keinesfalls optimal gewährleistet.

Seit wir in den Iran reisten, hatten in unserer Familie viele Kinder das Licht der Welt erblickt. Inzwischen gingen die Kinder schon in zwei Schichten zur Schule, weil es durch den starken Geburtenanstieg an Schulräumen und Lehrern mangelte. Besorgt beobachtete ich, daß schon Erstkläßler sich an Nachmittagsunterricht gewöhnen mußten. Die Menschen im Iran sahen sich seit dem Ende des Krieges von einer neuen Gefahr bedroht. Während des Krieges waren empfängnisverhütende Maßnahmen als unmoralisch verdammt worden, weil das Land Soldaten brauchte. Jetzt, wo es möglich war, Sterilisation und Verhütungsmittel von den Gesundheitszentren kostenlos zu erhalten, war das explosive Bevölkerungswachstum schwierig in den Griff zu bekommen. Besonders bei den Armen und Analphabethen waren Familien mit zehn und mehr Kindern keine Seltenheit. Hier galt der Glaubenssatz: „Gott gibt den Menschen die Kinder, er wird sie auch versorgen."

Die Regierung schritt jetzt mit großen Aufklärungskampagnen ein. Familien, die mehr als drei Kinder hatten, bekamen zur Strafe keine Lebensmittelcoupons mehr. Nahrung, Arbeit und Wohnraum wurden knapp. Teheran war schon längst aus den Nähten geplatzt. Eine Schreckensvision.

Doch betrachtete ich die Dreikinderpropaganda der Regierung mit Skepsis. Eine solche Strukturveränderung konnte auch das Leben in der Großfamilie zerstören. Ob die Kleinfamilie die Lösung des Problems darstellte, bezweifelte ich angesichts der Entwicklung zur Kleinfamilie in Europa mit den Konsequenzen einer aussterbenden und überalternden Gesellschaft. Die Aufgabe Irans wird es sein, die eigenen rechten Traditionen zu wahren, ohne sich gegen den echten Fortschritt zu wehren.

Während ich im Frühjahr 1989 im Iran war, hatte ich den Eindruck, als würden die Menschen dort von den Deutschen und den anderen ausländischen Investoren, die den Weltmarkt beherrschen, bedroht. Die Devisenpreise auf den Schwarzmärkten stiegen ständig. Die Industrieländer machten ein gutes Geschäft dabei, während die arme Bevölkerung im Iran ihren Gürtel enger und enger schnallen mußte.

Auch in unserer Familie herrschten viele wirtschaftliche Probleme. Es war für niemanden leicht, ein Dach über dem Kopf zu finden und mit seiner Hände Arbeit die Familie zu ernähren. Der Alltag im Iran war ein mühsamer Kampf.

Um uns von den strapaziösen und verantwortungsvollen Aufgaben, die in der Familie auf uns zugekommen waren, ein wenig zu erholen, traten Bahman und ich eine kleine Reise in den Süden Irans an.

22
Bandar Abbas

Es war Ende Februar oder Anfang März 1989. Im Norden Irans regnete es ununterbrochen. Ein kalter Wind wehte dort. Ich schwitzte sehr unter dem großen wollenen Kopftuch, als wir in der Flughalle in Bandar Abbas an der Kontrolle warten mußten.

Die Menschen in der Warteschlange sahen anders aus als die Nordiraner. Ihre Haut war dunkler. Ihre Körper waren schlanker, zierlicher, ihre Kleidung ärmlicher. Wieder verblüffte mich dieses Nord-Süd-Gefälle.

Als wir im Hotel ankamen, schlüpfte ich sofort in leichte Kleidung. Das vornehme Hotel Homa war so sehr im europäischen Stil gebaut, daß ich in der Abwesenheit meiner Gedanken im Restaurant fast schon meinen Mantel ausgezogen hätte, als wir uns an den Tisch setzten.

Der mahnende Blick eines Wächters, der eigens dazu eingestellt war, auf die Befolgung der Kleidervorschriften zu achten, brachte mich aber sofort auf den Boden der Realität zurück. Verlegen nestelte ich mit der Hand an dem Knopf meines Mantels herum, den ich schon geöffnet hatte.

Sobald wir aus dem Hotel mit Air-condition in die schwüle, feuchtheiße Luft ins Freie traten, spürten wir sofort wieder, daß wir uns im Orient befanden.

In den engen Winkeln der Gassen sahen wir Frauen, die ihre Gesichter hinter geheimnisvollen schwarzen Masken verbargen. Nur ihre ausdrucksstarken dunklen Augen waren zu sehen. Diese Frauen verfügten über eine faszinierende Anziehungskraft. Viele der Frauen haben mich mit dem Heben ihrer Augenbrauen begrüßt und ich grüßte zurück. Auch ich hatte inzwischen gelernt, mit den Augen zu sprechen.

23
Das Foto

Seit einigen Wochen schon war ich von blutigen Durchfällen geplagt. Nach langem Suchen fanden wir einen Arzt, wo kein Termin nötig war. Sein Wartezimmer war total überfüllt. Dennoch blieben wir in einer Ecke stehen und warteten. Zu meinem Erstaunen stellte ich fest, daß pünktlich alle zwei Minuten die Patienten sich die Türklinke in die Hand gaben. Schnell kam ich an die Reihe.

„Seit einigen Wochen habe ich blutige Durchfälle", erklärte ich. „O. K.", sofort drückte er mir ein Rezept für ein starkes Breitspektrumantibiotikum in die Hand. „Ich denke eher, daß es Ruhr ist. Können Sie mich nicht erst daraufhin untersuchen?" „Geh, und laß dir die Spritzen geben. Dann wird es gut."

Ich war sehr wütend über das unverantwortliche Verhalten des Arztes, dennoch schleifte ich mich jeden Tag morgens und abends gequält den Weg entlang vom Hotel zu der Praxis des medizinischen Helfers, der mir das Antibiotikum spritzte, welches bei meinen Beschwerden eigentlich nicht half. Nach zwei Tagen ließen die Durchfälle etwas nach und ich konnte vorsichtig wieder die erste Nahrung zu mir nehmen.

Jeden Tag waren wir an einem Geschäft der staatlichen Subventionsgenossenschaft vorbeigegangen, an dem die Frauen in einer langen Wartelinie anstanden, bis sich seine Tore öffneten und sie verbilligte Ware auf Coupons kaufen konnten.

Auf diese Weise waren die Frauen stundenlang beschäftigt. Wenn im Iran jemand eine Warteschlange sah, stellte er sich manchmal einfach hinten an, ohne zu wissen, ob er das, was vorne letztlich angeboten wurde, brauchen konnte oder nicht.

Das Bild der menschlichen Warteschlangen war für mich ein Bild des persischen Alltags. Auf dem Film in meiner Kamera befanden sich viele Bilder von den Gärten, Parks und Sehenswürdigkeiten Irans, Bilder von lächelnden Menschen und schönen Gebäuden. Als wir am dritten Morgen wieder an diesem Geschäft mit der staatlich verbilligten Ware vorbeigingen, packte mich die Unvernunft „Ich will einmal den persischen Alltag fotografieren, mit dem Schlangestehen."

Bahman war entsetzt von meinem Vorschlag. Er sträubte sich. „Wenn du ein solches Bild machen möchtest, dann ohne mich."

Bahman hielt sich an der nächsten Straßenecke auf und ging seinen Weg langsam weiter, während ich gegen seinen Willen zurück auf die Straße ging, die dem Geschäft gegenüber lag. Im Vorbeigehen fotografierte ich mit der kleinen Kamera blitzschnell die wartende Menge. Ich hielt mich selbst dabei hinter einem kleinen Transporter versteckt. Dabei tat ich so, als hätte ich nach dem Straßennamen gesucht, der auf der Mauer um die Ecke geschrieben stand. Ich war überzeugt, daß mich keiner gesehen hatte.

„Es hat mich keiner gesehen", erzählte ich Bahman stolz. „Was hast du nun davon?" fragte mich Bahman. „Ich habe endlich den Alltag so fotografiert, wie er sich mir darstellt. Es gibt eben nicht bloß Blumen und Gärten im Iran."

In dem Moment sahen wir zwei Männer, die direkt auf uns zuliefen. Sie waren nicht in die Uniform der Revolutionswächter gekleidet. Sofort konfiszierte der eine unsere Kamera und sie wollten uns festnehmen.

Nach einigem Bitten und Erklären gelang es uns schließlich, daß wir ihnen einen Kompromiß anboten. Wir händigten unsere Pässe aus und konnten wenigstens bis zur Praxis des medizinischen Helfers gehen, damit ich meine Spritze bekam. Doch indem wir unsere Pässe in die Hände des Revolutionswächters legten, hatten wir uns in das Gefängnis Iran begeben. Ohne diese beiden braunen Nationalitätslappen wären wir nie gemeinsam aus diesem Land herausgekommen.

In Deutschland wartete unser Studium auf uns. Wir steuerten auf Ziele zu, für die freie Reisen zwischen Iran und Deutschland eine unabdingbare Voraussetzung waren.

Gehorsam kehrten wir wie versprochen zu dem Geschäft der staatlichen Subventionsgenossenschaft zurück.

Als wir das überfüllte Geschäft betraten, herrschte dort ein Gewühl wie in einem Aldiladen am Samstagmorgen. Sämtliche Kunden schienen von dem Foto zu wissen, obwohl ich mir sicher gewesen war, daß mich keiner beobachtet hatte.

Im Vorbeigehen jubelten sie uns zu und sprachen ihre Gedanken laut aus. „Ihr sollt dieses Foto im Ausland veröffentlichen, damit alle erfahren, wie wir hier leben." Ich schwieg betreten. Bahmans Knie zitterten sichtbar. Ich fühlte mich tief schuldig. Warum hatte ich nicht auf ihn gehört? Warum hatte ich diese Dummheit begangen? Jetzt brachte ich ihn, der an dieser Sache unschuldig war, durch meinen Ungehorsam und meine Sturheit ins Gefängnis.

Der Revolutionswächter rief im Zentralkommittee an und orderte einen Wagen, um uns abzutransportieren. Ich versuchte, mit ihm zu verhandeln. „Mein Mann hat damit gar nichts zu tun. Er wollte nicht, daß ich dieses Bild machte." Trotzdem sollte auch er abgeführt werden.

Ich kann mich nicht mehr an die Fahrt zum Zentralkommittee erinnern. Im Hof trennten sich unsere Wege. Bahman wurde zu den Revolutionsbrüdern geführt und ich zu den Schwestern.

In einem kleinen Raum einer Baracke mit graugestrichenen Holzfußboden, grauen Wänden, einem verrosteten grauen Schreibpult aus Metall und dazu passendem, ebenso verrostetem Metallstuhl wartete ich lange alleine. Immer wieder dachte ich an Bahman. Ich hatte Angst, daß sie ihn foltern würden. Ich verdammte meine eigene Unvernunft und meinen Leichtsinn. Immer tiefer fühlte ich mich schuldig.

Mein Gesäß schmerzte noch von der Spritze. Was sollte ich tun, wenn ich ausgerechnet jetzt wieder diesen quälenden Durchfall bekam?

Endlich betrat eine Frau den Raum. Sie trug ihren schwarzen Tschador tief in ihr Gesicht heruntergezogen. Mir fiel auf, daß sie auf einem Auge schielte. Langsam bewegte sie sich auf den Schreibtisch zu und setzte sich mir gegenüber zum Verhör.

Ich wurde zunächst mit einer höflichen, warmen Stimme begrüßt. Dann ging sie zur Sache über. „Warum haben Sie dieses Bild gemacht?" „Ich wollte die Frauen in der einheimischen Kleidung fotografieren", antwortete ich, denn in der wartenden Menschenmenge hatten sich nämlich einige Frauen, die die bunte einheimische Tracht trugen, befunden.

„Hatten Sie nicht vor, dieses Bild in Deutschland zu veröffentlichen, um auf die Mißstände im Iran hinzudeuten?" „Die Warteschlangen vor den Geschäften sind keine Mißstände Irans. Sie sind entstanden durch den Krieg, an dem die Deutschen selbst mit schuld sind."

Damit hatte ich meine eigene Meinung ehrlich gesagt. Sie fragte weiter, wie Bahman und ich uns kennengelernt hatten, fragte nach meiner Familie in Deutschland und nach meiner Religion.

„Tragen Sie auch in Deutschland islamische Kleidung?"-„Nicht im Kreis der Familie." Mit dieser Antwort hatte ich weder gelogen noch gestanden, daß ich mich in der Öffentlichkeit in Deutschland selbstverständlich nicht hinter Mantel und Kopftuch verbarg.

Schließlich begannen wir über Bahmans und meine Zukunftspläne zu sprechen.

„Ich bin zutiefst enttäuscht, daß ich wegen einem Foto von Frauen in einheimischer Kleidung hier im Gefängnis lande. Zunächst habe ich mit dem Gedanken gespielt, nach meinem Studium in Deutschland als Ärztin in den Iran zu kommen. Wenn ich hier aber schon wegen Fotografierens auf der Straße ins Gefängnis gerate, muß ich mir dies noch schwer überlegen. Vielleicht kehren aus diesem Grund viele iranische Ärzte nicht aus dem Ausland in ihre Heimat zurück. In den letzten Tagen war ich krank und fand keinen guten Arzt, der mich untersucht hat. Sehen Sie mich an, wie ich in diesem warmen Raum friere. Dieses Land braucht mehr Ärzte. Wenn Sie die Menschen in diesem Land so behandeln, dürfen Sie sich nicht wundern, daß die Ärzte das Land verlassen."

Nachdem ich ihr dieses entgegnet hatte, schwieg sie zunächst. „Warum haben Sie nicht auf Ihren Ehemann gehört? Er hat Ihnen verboten, dieses Foto zu machen."

„Mein Ehemann hat mir nur gesagt, daß es nicht gut ist, die wartende Menschenmenge zu fotografieren. Er verbietet mir nichts. Aber Sie haben recht. Ich habe nicht auf ihn gehört und jetzt muß er als Unschuldiger dafür büßen. Sie müssen wenigstens ihn freilassen. Denn er hat nichts getan."

„Er hätte Ihnen sagen sollen, wie Sie sich verhalten müssen. Er ist Iraner. Als seine Frau hätten Sie ihm gehorchen müssen."

Damit war das Verhör beendet. Ich wurde in ein kleines Büro abgeführt, in dem meine Personalien aufgenommen wurden. „Können Sie mir nicht eine Einreiseeinladung nach Deutschland schicken? Ist es als Asylant dort gut?" fragte mich die Frau, die den Bogen mit meinen Daten ausfüllte. „Asylanten werden in Deutschland als Menschen dritter Klasse behandelt." Offen beschrieb ich ihr, unter welchen Problemen sie litten, erzählte von Rassouls Besuch in Deutschland und wie die Menschen dort miteinander umgingen und wie mich diese Situation in meinem eigenen Heimatland beschämte. Interessiert lauschte sie meinen Worten. „Es war nur ein Scherz. Ich will keine Einladung nach Deutschland", sagte sie zum Schluß.

Dann wurde ich in die Gefängniszelle abgeführt. Es gab keine Toilette. Das einzige Möbelstück in dem Raum war eine Holzpritsche mit Schlafmatten. Auf dem Fußboden saßen drei Frauen. Sie sahen die Erschöpfung in meinen Augen und eine Frau bot mir ihren Tschador an, um die schmutzigen Schlafmatten zu bedecken.

Entkräftet ließ ich mich auf dem ausgebreiteten schwarzen Nylonstoff nieder. Ich hatte Fieber. Immer wieder fielen mir die Augen zu. Wie Schattenrisse nahm ich die drei mitgefangenen Frauen wahr. Eine Frau strickte aus der aufgezogenen Wolle eines verschlissenen Kinderpullovers neue Socken. „Ich bin fast verrückt geworden, ohne Arbeit in den Händen zu haben. Dann haben sie mir das Strickzeug gegeben", erzählte sie.

Irgendwann läutete eine Glocke. Es war Pause. Wir wurden in den sonnigen Gefängnishof hinausgelassen. Auch die Frauen aus den benachbarten Zellen durften ins Freie treten. Plötzlich sah ich mich umringt von neugierigen Frauen. „Warum bist du hier?" Sie stürzten sich auf mich. „Ich bin zu müde, um das jetzt zu erzählen", erklärte ich beharrlich. „Weshalb seid Ihr eingesperrt worden?" fragte ich zurück, um mich vor weiterer Neugier zu schützen. Die Wärterin sah, wie ich umlagert wurde und noch bevor mir die alte, dünne Frau mit dem zahnlosen Mund eine Antwort geben konnte, scheuchte sie alle Frauen, die mich umzingelt hatten, fort wie eine Hühnerherde.

„Es sind alles Drogenabhängige", erklärte sie. „Deshalb werden sie getrennt von den normalen Menschen eingesperrt." Ich konnte mir nicht vorstellen, daß die alte Frau neben mir drogenabhängig sein sollte. Schließlich wurden wir wieder ins Dunkel der Zelle zurückgedrängt.

Die Tränen rollten über meine Wangen. Die drei Frauen in der Zelle trösteten mich. Auf ihr eindringliches Fragen erzählte ich ihnen meine Geschichte und von meiner Angst um Bahman.

„Warum haben Sie nicht auf Ihren Mann gehört?" fragte mich die älteste der drei Frauen, was mein Weinen noch verstärkte. Ich konnte mich der Tränen und des Gefühls der Schuld nicht mehr erwehren. Wann würden wir hier wieder herauskommen?

Durch meinen Kopf spielte wieder die Szene während des Verhörs. Das Schweigen der Frau, nachdem ich ihr über mein Vorhaben erzählte, als Ärztin in den Iran zu kommen. Ich war plötzlich überzeugt, noch am gleichen Tag hinauszukommen. Sie konnten es nicht wagen, uns beide wegen dieses Fotos festzuhalten. Natürlich hätten sie mich für eine Spionin halten können oder für eine Reporterin, die die wirtschaftlichen Schwierigkeiten des Irans ans Licht der Öffentlichkeit tragen wollte. Doch ich war mir sicher, daß sie mir mein Geständnis glaubten.

Um drei Uhr wurde als Mittagessen eine undefinierbare schwarze Suppe mit etwas Brot gebracht. Ich gab den anderen meinen Teil ab. Auch die drei Frauen machten mir Mut. Sie konnten sich nicht vorstellen, daß man Bahman foltern würde.

Eine Stunde nach dem Mittagessen brachte mir eine Frau die Nachricht, daß ich freigelassen würde. Meine drei Mitinsassinnen freuten sich mit mir. Sie hofften, daß ich in der Lage sein würde, ihre Familien von ihrem Verbleib zu benachrichtigen. Jede der drei Frauen nannte mir eine Telefonnummer, damit ich ihren Angehörigen ihr Verschwinden erklären konnte.

Ich schrieb die Nummern in meinem Gedächtnis auf. Dann wurde ich wieder in das Büro gebeten, in dem meine Personalien aufgenommen worden waren. Hier saß wieder die Frau mit der warmen Stimme, die mich verhört hatte. „Sie dürfen heute gehen. Aber hören Sie das nächste Mal auf Ihren Mann", eröffnete sie mir. „Ich gehe nicht ohne meinen Mann von hier fort. Er hat nichts getan", entgegnete ich. Sie lächelte leicht. „Ihr Mann ist draußen."

Ich kann mich noch an meinen tiefen Seufzer der Erleichterung erinnern. Dabei spürte ich, wie meine Haut von den eingetrockneten Tränen spannte.

Als ich Bahman an seinem blauen Hemd von weitem im Hof erkannte, wäre ich am liebsten auf ihn zugelaufen. Die ganze Schwäche der Krankheit schien von mir gewichen. Bahman kam in Begleitung eines Pasdar, der uns sogar ins Hotel zurückbringen wollte.

Höflich öffnete mir der Revolutionswächter die Tür des Wagens. Auf der Fahrt erfuhr ich, daß unsere Freiheit bislang nur auf Bewährung war. Der Pasdar war stundenlang mit Bahman durch die Stadt gefahren, um einen Fotografen zu finden, der ihm die Bilder sofort entwickeln konnte. Schnellentwicklungen waren nur über Nacht möglich. Da an diesem Tag ausgerechnet Donnerstag war, mußten wir bis Samstag warten und dann wieder zum Verhör kommen.

In der Geborgenheit des vornehmen Hotelzimmers erzählten Bahman und ich uns gegenseitig von unseren Erlebnissen. Bahman hatte unglaubliches Glück, auf diesen verständnisvollen Revolutionswächter getroffen zu sein. Ruhig und sachlich hatte der Pasdar Bahman zugehört. Schließlich hatte er ihm angeboten, den Film entwickeln zu lassen, um zu kontrollieren, ob er ansonsten wirklich nur harmlose Familienfotos enthielt. Gemeinsam haben die beiden sich auf den Weg gemacht. Es war nirgends sofort möglich. Im letzten Geschäft überreichte der Revolutionswächter dem Fotohändler unsere Kamera. Leider gelang es ihm nicht, diese zu öffnen, da die Verschlußklappe defekt war. Zuletzt bekam Bahman die Kamera in die Hand gedrückt; in der Aufregung öffnete Bahman die Kamera derartig, daß das eigentliche Bild der wartenden Menschenmenge dabei belichtet wurde.

Bis zum nächsten Samstag mußten wir warten. Dann waren wir

zu einem erneuten Verhör geladen. Bis dahin blieben wir ohne unsere Pässe, waren im Iran gefangen.

Ich fühlte mich elend. Wie konnte Bahman mir meine Dummheit verzeihen? Wie konnte er es wagen, mich mit in den Iran zu nehmen, wo ich sein Leben in Gefahr brachte?

Bahman sprach kein Wort über meine Schuld. Er klagte mich nicht an. Dennoch mußten wir mit jemandem über unsere verzweifelte Situation reden. Im Flugzeug hatten wir einen Mann kennengelernt, der eine einflußreiche Position in der Stadt hatte. Seine Funktion möchte ich hier nicht nennen.

Bahman rief ihn an und erzählte ihm von unserer ganzen Geschichte. Er war der einzige Mensch, den wir an diesem Ort kannten, der uns vielleicht aus der mißlichen Lage befreien konnte, falls wir spurlos hinter den Gefängnismauern verschwinden würden.

Als Bahman den Hörer auflegte, fühlten wir uns beide erleichtert, daß wir jemanden in Kenntnis gesetzt hatten. Ich erzählte Bahman von den drei Frauen im Gefängnis und den Telefonnummern, die sie mir gegeben hatten. In diesem Augenblick wurden wir von dem heiseren Klingeln des Telefons unterbrochen. Niemand außer dem Mann aus dem Flugzeug kannte unsere Nummer. Fragend blickten wir auf das klingelnde Telefon. Zögernd nahm Bahman den Hörer ab.

„Hallo", meldete Bahman sich ohne seinen Namen zu nennen. Eine fremde, männliche Stimme antwortete. „Salam. Sind Sie Herr ...?" Die fremde Stimme nannte Bahmans Namen.

Keiner kannte Bahmans Namen in dieser Stadt, außer dem Mann aus dem Flugzeug und den Revolutionswächtern aus dem Zentalkommittee.

Bahman ließ den Hörer fallen. Seine Hand zitterte. Wir standen unter Spionageverdacht. Hatten wir zu dem Mann aus dem Flugzeug irgendetwas gesagt, das uns weiter verdächtig machen konnte? Wer war dieser geheimnisvolle Anrufer? Es war nicht die Stimme des Mannes an der Hotelrezeption. Diese Stimme hätten wir erkannt. Da auch der Mann aus dem Flugzeug nicht als Anrufer in Frage kam, blieben nicht mehr viele Möglichkeiten übrig. Wurde unser Telefon abgehört?

Ich traute mich nicht, die Angehörigen meiner Mitgefangenen zu verständigen. Wir wagten kaum, unsere eigenen Angehörigen zu verständigen. Schließlich faßten wir doch Mut, im Haus von Ameh Ashraf anzurufen. Wir hatten nichts zu verbergen. Wir hätten uns noch verdächtiger gemacht, wenn wir jetzt versucht hätten, uns grundlos zu verstecken. An jenem Freitag versuchten wir unsere Aufmerksamkeit auf die Sehenswürdigkeiten der Stadt zu lenken, um uns nicht noch tiefer in Ängste zu vergraben.

Pünktlich holte uns ein Wagen der Pasdaran am nächsten Morgen vor unserem Hotel ab und fuhr uns zum Zentralkommittee. Wir wurden beide durch viele verwinkelte Gänge in einen Keller geführt. In einem kleinen, mit Pappkartons und Holzkisten vollgestellten Raum empfing uns der Revolutionswächter, der uns am Donnerstag freigelassen hatte.

Lange fragte er uns in einem barschen Ton über unsere Familienfotos aus. Er ließ sich erzählen, wovon und wie jeder einzelne lebte. Das Bild von der wartenden Menschenschlange vor dem Geschäft war zu dreiviertel belichtet worden. Es zeigte nur einen kleinen, bunten Randsaum, der nur wenig von dem eigentlichen Motiv zu erkennen gab.

Er betrachtete die Reisebilder von Bandar Abbas, die Bilder von Blumen und Gärten, vom Meer und von der Insel.

„Mein Bruder lebt in Frankfurt", erzählte er von sich aus. „Wir kennen Frankfurt gut, denn wir haben in der Nähe studiert." Zwischen uns entstand ein freundlicher Plausch über Deutschland.

Währenddessen lagen unsere beiden iranischen Pässe vor ihm auf dem Tisch. Als ich sie sah, wußte ich, daß wir freigelassen würden. Der Revolutionswächter versicherte uns sogar, daß er unsere Namen in keinem Register führte.

Der Ton des Pasdar wurde immer offener. Während unserem Gespräch sah er mir ins Gesicht. Er war anders als die anderen, die mich in meinem Beisein wie Luft behandelten und über mich vor Bahman in der dritten Person sprachen.

Dieser Pasdar sprach mich persönlich an und hörte mir zu. Nach dem Verhör reichte er uns unsere Pässe zurück und bot an, uns ins Hotel zurückzufahren. Auf der Fahrt gab er uns die Erklärung, warum wir wegen eines harmlosen Fotos ins Gefängnis geraten waren. „Wissen Sie, was für ein Gebäude das war, welches Ihre Frau fotografiert hat?" Bahman schüttelte den Kopf. „Wenn Sie als Iraner dieses Bild gemacht hätten, wäre überhaupt kein Problem entstanden. Es war das Gebäude des staatlichen Geheimdienstes. Erst vor kurzem hatte es auch eine Philippinin fotografiert."

Unachtsam hatte ich auf den Schwanz des schlafenden Tigers getreten.

Im Rückblick auf jene Tage kann ich noch immer nicht begreifen, wie sich jenes Mißgeschick in eine gute Begegnung mit einem Revolutionswächter verwandelte.

24
Die Botschaft des Tees

In Teheran wieder angekommen, warteten die Auseinandersetzungen mit der Kleinlichkeit der deutschen Behörden auf uns. Unseren Verwandten, die wir nach Deutschland eingeladen hatten, waren die Einreisevisa nach Deutschland nicht ausgestellt worden.

Um zu der deutschen Botschaft zu gelangen, führte unser Weg über eine lange Straße mit Banken, Geschäftspassagen, einigen Botschaften, dem Schwarzmarkt und vielen kleinen Teppich- und Kunstgewerbeläden.

Die Straße war mir inzwischen so vertraut wie die lange Warteschlange, die sich Tag und Nacht vor der deutschen Botschaft befand. Diese Schlange war noch viel länger als beim Brot und den täglichen Bedarfsgütern.

Obwohl das Einreisevisum nach Deutschland nicht zu den lebensnotwendigen Dingen gehörte, waren die Menschen bereit, bei Wind und Wetter vor der großen schwarzen, verriegelten Tür der Botschaft die Nacht zu verbringen, um morgens als erste an der Reihe zu sein.

Als Deutsche brauchte ich dagegen nur mit meinem grünen Nationalitätslappen aus der Menge zu winken, wenn ein Ordnunghüter die Tür öffnete, um den Nächsten einzulassen. Diese Geste genügte, um mir sofort Eintritt zu verschaffen.

Eines Tages war der mir vertraute Weg zur deutschen Botschaft versperrt. Menschenbarrikaden standen vor den verschlossenen Toren der englischen Botschaft und forderten den Tod von Salman Rushdie. In ihren Schreien projizierten die Massen ihren ganzen Haß gegen die Welt auf den Autor der „Satanischen Verse". Diese Atmosphäre war für mich teuflischer als Worte. Ein

Knistern lag in der Luft. Ein Funke hätte genügt, um die Massen zur Explosion zu bringen.

Tief zog ich mir mein Kopftuch in die Stirn und heftete meine Blicke auf meine Fußspitzen. Die Zipfel meines Kopftuches hatte ich mir in die Mundwinkel geklemmt. Mit angelegten Ellbogen versuchte ich, mich durch die vom Haß aufgewühlte Menge zu schlängeln, ohne mit jemanden in Berührung zu kommen.

Ich hatte Angst, daß mich jemand wegen der Farbe meiner Haut und meiner Augen mit einer Engländerin verwechseln konnte. „Nieder mit England", schrien die Menschen von allen Seiten. Salman Rushdie wurde als Zündholz benutzt, um die aufgestauten Aggressionen, den Haß, die geballte Wut und die Rachegefühle erneut zu entfachen.

Wir flüchteten uns in eine kleine Seitengasse. Über viele kleine Umwege kamen wir schließlich doch vor der deutschen Botschaft an.

Trotz meiner ordnungsgemäßen Einladung nach Deutschland waren für Arezo und Jamshid die Visa verweigert worden. Der übrige Teil meiner Familie konnte ohne Umstände eine Einreiseerlaubnis erhalten.

Der Grund lag darin, daß die Einladung an Arezo und Jamshid von meinen Eltern aus dem kleinen Eifeldorf abgeschickt worden war, während ich die Einladungen an Bahmans Geschwister später selbst aus Göttingen abgeschickt hatte. Die Ausländerbehörden in der Eifel hatten ihre eigenen, regionalen Vorschriften entwickelt. Da sie schlechte Erfahrungen mit plötzlich eintretenden Erkrankungen ausländischer Touristen gemacht hatten, verpflichteten sie jeden Einladenden zu einer Krankenversicherung der Gäste.

Ich konnte im Iran keine Krankenversicherung für Deutschland abschließen. Aber ich wollte das Land auch nicht verlassen, ohne daß die beiden ein Einreisevisum erhielten. Ich wußte, daß sie dann hilflos, der Willkür der deutschen Behörden ausgeliefert, ihre Tage und Nächte in den Warteschlangen vor dem verschlossenen Tor verbringen müßten.

Mir kam die Idee, über Telex mit den Ausländerbehörden in Deutschland zu verhandeln. Ich brauchte nur eine Erklärung zu unterschreiben, daß ich mich mit der Erteilung der Visa gleichzeitig zur Krankenversicherung meiner Verwandten verpflichten würde.

Mein Problem war aber anders geartet. Ich war bei der falschen Sachbearbeiterin angelangt. Mit der Zeit hatte ich die deutschen Beamten im Konsulat in Teheran kennengelernt. Ich wußte, wer Einreisevisa erteilte und wer mit allen Mitteln versuchte, diese zu verweigern. Das Unglück wollte es, daß ich an jene Frau geriet, die dafür bekannt war, daß sie mit den Einreisevisa Handel trieb.

Neben der deutschen Botschaft gab es ein kleines Teehaus. Der Gastwirt dieses Teehauses steckte mit den Beamten der deutschen Botschaft unter einer Decke. In diesem Teehaus bezahlte man nicht nur für den Tee. Das Schlüsselwort lautete: „Was kostet der Tee?". Diese Frage galt als das Erkennungszeichen für den Gastwirt. Er verstand sofort, daß damit nicht der Preis für den Tee, sondern der Preis für das Einreisevisum in die Bundesrepublik Deutschland gemeint war.

An diesem Tee verdienten die Beteiligten ein Vermögen. Mancher Tee kostete bis zu zwanzigtausend Deutsche Mark. Viele Menschen verkauften ihre gesamte Habe, um den Stempel als Eintrittskarte ins Paradies der Verlorenheit zu erhalten. Manche kehrten von ihrer Touristenreise nie wieder zurück und blieben als Asylanten in Deutschland.

Ich selbst bin nie in diesem Teehaus gewesen. Allerdings habe ich in Deutschland die unglücklichen Iraner getroffen, die dort ihre Heimat verkauft haben.

Es dauerte mehrere Tage, bis ich einen Weg fand, an die richtige Person in der deutschen Botschaft zu gelangen. Lange habe ich die einzelnen Beamten dort beobachtet, wie sie mit den Antragstellern umgingen. Dabei fiel mir auf, daß ein Iraner, der für die Einhaltung der Reihenfolge sorgte, so manch einem Landsmann augenzwinkernd einen kleinen Wink gegeben hatte.

Wieder befand ich mich in jener hoffnungslosen Wartereihe an dem Schalter, an dem die Visa mit Tee bezahlt wurden und zählte die goldenen Ringe an den Händen der deutschen Beamtin. Die Angelegenheit war aussichtslos.

Da gab ich mir einen Ruck und ging auf jenen ordnungshütenden Iraner zu. Höflich sprach ich ihn an: „Entschuldigen Sie, mein

Herr. Frau Rahmani kommt mit meiner Arbeit nicht so ganz zurecht. Können Sie mir helfen, daß ich an einen anderen Schalter komme?" Er schmunzelte leicht und zuckte mit seinen Mundwinkeln. „Ich verstehe. Natürlich", antwortete er und führte mich mit großer Selbstverständlichkeit zu jenem Schalter, an dem die Visa ohne Tee ausgestellt wurden. Nach ein paar Stunden nahm ich die Pässe meiner Verwandschaft mit eingestempelten Bundesadlern mit nach Hause.

Auch für Nasrin hatte ich ein Visum besorgt. Diese Geste hatte für Nasrin eine besondere Bedeutung. Sie spürte, daß sie von mir angenommen wurde. Nasrin war während ihrer Schwangerschaft dicker und dicker geworden. Die Schwestern lästerten über sie, weil sie immer heimlich beim Kochen aus ihren Töpfen naschte, wenn sie zu Besuch war. Mitten in der Nacht konnte es vorkommen, daß Nasrin an den Kühlschrank ihrer Schwestern ging und noch einmal eine Mahlzeit aß.

Die ganze Familie war an einem Donnerstagabend bei Farin in Rasht zusammen. Wir waren etwa fünfundzwanzig Personen, die alle in der etwa neunzig Quadratmeter großen Wohnung übernachteten. An jenem Tag kehrte Nasrin tränenüberströmt vom Arzt zurück.

Wir brachten ihr sofort mehrere Kissen, damit sie sich entspannt hinsetzen konnte. Als wir sie vorsichtig fragten, was vorgefallen sei, weinte sie noch bitterlicher. Ihr Mann Peyman erklärte uns schließlich den Grund ihres Weinens. Der Arzt hatte ihr mitgeteilt, daß sie Zwillinge erwartete.

An jenem Abend sprachen wir bis spät in die Nacht hinein mit Nasrin über ihre Kindheit und die Fehler, die auf beiden Seiten begangen worden waren. Alle gemeinsam wollten wir Nasrin helfen, mit dieser doppelten Wendung in ihrem Leben fertig zu werden. Am Ende des Abends lächelten Nasrin und ich uns zu. An jenem Tag war Nasrin in den Kreis ihrer wirklichen Familie aufgenommen worden und zurückgekehrt.

Vieles hatte sich in diesem Jahr im Iran gelockert. Wir entdeckten Löcher in den scheinbaren Grenzen, begannen die Trennlinien als Membranen zu betrachten.

Deshalb wagte ich es, in jenem Jahr die Kette meiner Schwiegermutter über die Grenze zu bringen. Ich trug die Kette am Hals und passierte ohne Beanstandung die Kontrolle.

In Deutschland angekommen, fuhren wir zunächst nach Frankfurt. Ich befühlte das Amulett meiner Schwiegermutter und freute mich. Endlich hatte die Kette die Grenze überschritten.

Auf dem Marktplatz herrschte dichtes Gedränge. Plötzlich bemerkte ich ein leeres Gefühl am Hals. Meine Hand tastete nach der Kette – sie war spurlos verschwunden. So sehr ich auch suchte, nie habe ich sie wiedergefunden.

Dafür verbrachten wir in Deutschland eine schöne Zeit gemeinsam mit Arezo, Jamshid und dem im Krieg geborenen Armin. Noch im gleichen Jahr besuchte uns auch Golnar mit ihren beiden jüngsten Söhnen. Ein langersehnter Wunsch von Bahman und mir ging in Erfüllung. Unsere Familien konnte sich, wenn auch nur zu einem kleinen Teil, zum ersten Mal begegnen.

25
Frauen ohne Vollmacht

Im Herbst 1989 reiste Bahman allein in den Iran, da ich in meine Arbeit verstrickt war. Um Weihnachten standen dafür bei Bahman Prüfungen an und ich beschloß, alleine für zwei Wochen zu meiner iranischen Familie zu reisen.

Bisher hatte das iranische Konsulat in Deutschland mir immer eine Ausreisegenehmigung in meinen Paß eingetragen. Ausgerechnet dieses Mal wurde dieser Stempel vergessen. Zudem hatte die Bearbeitung meines Passes so viel Zeit in Anspruch genommen, daß ich nur noch persönlich vor meinem Abflug in Frankfurt beim Konsulat vorbeigehen konnte. Der Konsularbeamte erklärte mir, daß bei meinem Wohnsitz in Göttingen der Stempel nur von den Behörden in Hamburg oder in Teheran eingetragen werden durfte. Aber er vertröstete mich darauf, daß es in Teheran nur eine Sache von einer halben Stunde Anstehens sei, die Ausreisegenehmigung zu erhalten.

Als diesmal das Flugzeug über Teheran seine Kreise zog, flogen wir in einem großen Bogen um die Stadt. Diesmal suchte ich nicht vergebens aus der Luft nach der unvollendeten Krone des Schahs. Das Flugzeug wurde in neue Bahnen gelenkt. Wir flogen über ein neues glorreiches Baudenkmal, über den Schrein von Ayatollah Ruhallah Khomeini.

In Teheran angekommen, machte ich mich am nächsten Tag sofort mit Jamshid zu dem entsprechenden Amt auf. Schon am Eingang zu dem Behördenhaus bemerkte ich, daß die Kontrollen der Schwestern wieder strenger geworden waren. „Die Falte an Ihrem Mantel geht hinten zu weit auf", bemängelten sie. Ich erhielt eine Stecknadel, um den Gehschlitz zusammenzuheften. Von da ab konnte ich nur noch in kleinen Schritten hinter Jamshid hergehen.

Nachdem wir stundenlang von einem Büroschalter zum anderen gewandert waren, verlangte ein Beamter zwei Paßbilder von mir. Ich hatte zufällig zwei einzelne. „Die Bilder sind zu unterschiedlich. Sie müssen vom gleichen Datum sein", beschwerte er sich. Als wir endlich am Fotoladen ankamen, war Mittagspause. Wir fuhren durch einige Straßen, bis wir endlich ein Fotogeschäft fanden.

Wieder im Büro angekommen, mußten wir warten, bis der Beamte von der Mittagsstunde zurückkehrte. Er akzeptierte diesmal die Paßbilder. „Drei Kopien von Ihrem Paß bitte." „Ich habe leider nur zwei", erklärte ich. „Ich brauche drei", beharrte er und wir mußten zurück auf die Straße, um einen Kopierladen zu suchen.

Obwohl Jamshid die Beamten mehrmals gefragt hatte, welche Papiere und Unterlagen ich insgesamt für die Bearbeitung meiner Akten benötigte, konnte er nie eine vollständige Antwort erhalten. Stattdessen bekam er ein anderes Formular in die Hand gedrückt, welches er per Hand ausfüllen sollte, an einer anderen Tür zum Abtippen mit der Schreibmaschine abgeben mußte, dann wieder in Empfang nehmen mußte, in einem anderen Büro zur Beglaubigung der Abschrift in Übereinstimmung mit dem Original abgeben mußte, um es dann zu dem ersten Beamten zurückzubringen. Am Ende der ganzen Prozedur erklärte der Beamte uns, daß wir in drei Wochen wiederkommen sollten.

Als wir versuchten,, ihm begreiflich zu machen, daß ich mich nur zwei Wochen im Iran aufhalten wollte, schickte er uns zu einem anderen Schalter, und wieder ging das gleiche Spiel mit dem Ausfüllen der Formulare los. Am Ende der ganzen Aktion bekamen wir einen neuen Termin für den nächsten Tag.

Am nächsten Morgen blätterte der Beamte meinen Paß durch und zog besorgt die Stirn kraus. „Ich kann Ihnen keinen Ausreisestempel eintragen. Sie sind verheiratet und befinden sich hier als Ehefrau eines Studenten im Land", erklärte er mir.

Bahman und ich waren beide im letzten Semester, und mir war bekannt, daß Studenten, die ein staatliches Auslandsstipendium aus Iran erhalten hatten, bei ihrer Rückkehr in die Heimat ein paar Jahre im Iran arbeiten mußten, ohne daß sie das Land verlassen durften. Die Gesetze im Iran änderten sich täglich. Es hätte sein können, daß es inzwischen ein generelles Ausreiseverbot für Rückkehrer mit abgeschlossenem Studium gab. „Aber wir sind doch beide noch Studenten", wandte ich ein. Doch der Beamte spielte nicht auf das bevorstehende Ende des Studiums an, wie ich zunächst befürchtet hatte.

„Es geht nicht darum, ob Sie Studentin sind. Sie sind verheiratet. Verheiratete Frauen dürfen den Iran nur mit der Vollmacht ihres Ehemannes verlassen."

Ich mußte schlucken. Daran hatte ich nicht gedacht. Obwohl ich die Geschichte von der Mutter eines Iraners kannte, deren Ehemann zur Fortsetzung seines Ingenieurstudiums alleine nach Kalifornien ausreiste. Nachdem ihr Mann den Iran verlassen hatte, war seine Frau in dem Land gefangen. Sie bekam von ihm keine Vollmacht, das Land zu verlassen. Erst nach zwanzig Jahren, als ihre Kinder im Ausland studierten, schaffte sie es auf großen Umwegen, sie dort zu besuchen. In jenen Tagen begegnete ich vielen iranische Frauen, die auf diese Weise von ihren Männern im Stich gelassen worden waren. Manche konnten den Iran bis an ihr Lebensende nicht mehr verlassen, während ihre Männer nicht selten im Ausland ein zweites Mal heirateten.

Ich hätte nicht im Traum daran gedacht, daß ich in eine solche Situation hineinkommen würde. Auch Bahman wußte zwar von diesem Gesetz, aber es lag ihm fern, daran zu denken, daß es auch uns betraf.

Ein Brief von Iran nach Deutschland brauchte ungefähr drei Wochen. Umgekehrt genauso. Bahman war in diesen Tagen bei Freunden zu Besuch. Es gelang mir nicht, ihn telefonisch zu erreichen.

In den nächsten Tagen jagten wir von einer Behörde zur anderen, auf der Suche nach einer Lösung. Als letzter Ausweg blieb uns das Rathaus übrig. Wir wollten versuchen, ein amtliches Schreiben zu erhalten, welches den Ausreisebehörden die Erlaubnis gab, mir die Rückkehr in meine Heimat zu bewilligen.

Ich wollte eine eidesstattliche Erklärung abgeben, in der ich bestätigte, daß mein Mann mir die Ausreise erlauben würde. Ich begründete die fehlende Vollmacht damit, daß mein Mann und ich wegen meiner doppelten Staatsangehörigkeit nicht daran gedacht hatten, daß ich in meinem persischen Paß einen Ausreisestempel benötige, um aus dem Land ausreisen zu dürfen.

Um an diese Erlaubnis zur Ausstellung einer Ausreiseerlaubnis zu gelangen, mußten Jamshid und ich mehrere Tage im Rathaus verbringen.

Täglich provozierten mich die Schwestern, die am Eingang des Rathauses für die Kontrolle der Kleidervorschriften verantwortlich waren. Jeden Tag fanden sie einen anderen Vorwand, mich eine Weile in ihrer Kabine aufzuhalten. Aber ich wollte nicht zur Anpassung einen Tschador tragen.

An einem Tag behaupteten sie, ich sei geschminkt. Sie verlangten von mir, ich solle mein Make-up abwischen. Ich hatte bewußt keinerlei Schminke aufgetragen und trug einen schäbigen schlichten schwarzen Mantel, dessen Gehfalte ich seit Tagen vorsichtshalber immer mit einer Sicherheitsnadel verschlossen hielt. Außerdem trug ich dichte schwarze Strümpfe und ein dunkellila Kopftuch.

„Ich trage keine Schminke", antwortete ich ehrlich. „So können Sie nicht herein. Ich sehe doch die Farbe um ihre Augen", provozierte die alte Frau mich weiter. Ich sah ihr hämisches Grinsen.

Nach einem Ausweg suchend bemerkte ich: „Ich habe kein Taschentuch dabei." „Dann wischen Sie sie mit den Händen ab." Ich rieb mir mit den Händen über meine zugekniffenen Augen. Sie ließ nicht locker. „Es ist noch immer nicht ab." Ich feuchtete meinen Finger an und wischte wieder über meine ungeschminkten Augen, um die fiktive Farbe zu beseitigen.

Die alte Frau warf ihren Kopf nach hinten zu ihrer jüngeren Schwester herüber. „Gib ihr ein Taschentuch", befahl sie und ich bekam ein weißes Papiertuch gereicht. Wütend und spöttisch zugleich wischte ich mir die nicht vorhandene Farbe von den Augen und reichte ihr dankend das saubere Taschentuch zurück. „Jetzt ist es sauber. Sehr gut. Sie können gehen."

Lange mußten wir auf dem Flur vor den Büroräumen der Stadträte warten. Jedes Mal, wenn ein Revolutionswächter an mir vorbeiging und ich mit übereinandergeschlagenen Beinen dasaß, ermahnte er mich."Setzen sie sich richtig hin, meine Dame!" Hatte ich den herannahenden Pasdar rechtzeitig bemerkt und saß brav mit zusammengepreßten Oberschenkeln auf dem harten Stuhl, dann fuhr er mich an: „Ziehen Sie Ihr Kopftuch herunter!"

Jamshid und ich machten uns gegenseitig Mut. Wir wollten nicht locker lassen. Der erste der einflußreichen Stadtbeamten, an den wir gerieten, war sehr freundlich. Zugewandt hörte er meinen Schilderungen zu und versuchte uns zu helfen. Er hatte unsere Arbeit schon fast erledigt. In diesem Moment wurde er von einem Telefongespräch unterbrochen und wir mußten wieder auf den Flur hinausgehen, um zu warten.

Leider wurde der hilfreiche Beamte aus dem Haus gerufen und wir gerieten an seinen Vorgesetzten. Er sprach kein Wort mit mir und lehnte es ab, uns zu helfen, noch bevor Jamshid ihm überhaupt erklären konnte, worum es sich drehte.

Obwohl er uns aus dem Rathaus geschmissen hatte, machten wir uns noch am gleichen Nachmittag wieder auf den Weg, um an den ersten Beamten zu gelangen. Am Mittagstisch hatte ich Ameh Ashraf von den Schikanen der Schwestern erzählt. Sie zog ihren schwarzen Tschador über und begleitete mich. Dieses Mal ließen uns die Revolutionsschwestern an der Kontrolle passieren, als sei nie etwas gewesen.

Wir hatten Glück. Es gelang uns, wieder mit dem hilfreichen Beamten vom Vormittag in Kontakt zu treten. „Die Sache ist jetzt leider nicht mehr in meiner Hand. Es tut mir leid. Jetzt hat mein Vorgesetzter entschieden." Dennoch wußte er Rat. Wenn er selbst uns nicht mehr helfen konnte, warum nicht ein anderer. Er rief einen seiner Freunde in einem anderen Amt der Stadt an. Während er den Hörer in der Hand hielt, lächelte er und schrieb uns eine Adresse auf ein Blatt Papier. Höflich verabschiedete er sich von seinem Gegenüber, dessen freundliche, kräftige Stimme am anderen Ende der Leitung auch für uns hörbar war. „Dieser Mann wird Ihnen weiterhelfen", sagte er und reichte mir das Blatt Papier. Ich konnte kaum glauben, was dieser Beamte für mich getan hatte. Er hatte seine ganze Karriere für mein kleines Problem aufs Spiel gesetzt.

Am nächsten Morgen machten Jamshid und ich uns auf den Weg zu jener Adresse. Im Foyer des Hochhauses gab es keine Kleiderkontrolle, dafür aber Tee in den oberen Etagen. Wir wurden freundlich empfangen.

Zunächst führte ich ein Gespräch mit einer Frau. Sie verstand sofort meine Lage und schmunzelte."Sie haben großes Glück gehabt. Keine Sorge. Es wird alles gut werden." Ich traute meinen Ohren nicht. „Können Sie mir nicht eine Einladung nach Deutschland schicken?" fragte sie mich. „Dazu benötige ich eine Kopie Ihres Passes, damit ich Ihre Personalien korrekt angeben kann", antwortete ich überrascht.

Schließlich fragte sie mich gezielter. „Wie ist es möglich, in Deutschland Asylant zu werden?" Ich erzählte ihr über die Prozedur des Asylverfahrens und welche Schritte sie in die Wege zu leiten hatte. „Warum wollen Sie als Asylantin nach Deutschland kommen?" Sie war in einer einflußreichen Position, eine Beamtin in hoher Stellung. Wir blickten uns gegenseitig in die Augen. Sie schwieg eine Zeit. Währendessen bewunderte ich ihre Schönheit. Sie hob die gepflegten, geschwungenen Augenbrauen zu einem „Nein."

Darüber konnte oder wollte sie also nicht sprechen. Dann lächelte sie. „Wissen Sie, wir Frauen auf dieser Welt müssen zusammenhalten. Nur so können wir ereichen, in Frieden und Freiheit zu leben."

Sie führte mich hinüber ins andere Büro, in welchem Jamshid sich unterdessen mit ihrem Vorgesetzten unterhalten hatte. Auf seinem Schreibtisch lag das vorbereitete Schreiben, welches den Behörden ermöglichte, mir eine Ausreisegenehmigung ohne Vollmacht meines Mannes zu erteilen.

Wir unterhielten uns noch ein wenig über die aktuelle politische Lage in Deutschland und den Fall der Berliner Mauer. Der Beamte war sehr gut über das politische Tagesgeschehen informiert.

Beim Abschied wußten Jamshid und ich nicht, wie wir uns bedanken konnten. Wir fühlten uns angenehm leicht und beschwingt als wir den kalten, kantigen Hochhausklotz verließen.

Es war inzwischen spät geworden. Um mit der Erlaubnis in unserer Tasche an den endgültigen Stempel zu gelangen, mußten wir ans andere Ende der Stadt fahren.

Mit einem öffentlichen Verkehrsmittel wären wir nie pünktlich angekommen. Die Straße, die zu unserem Ziel führte, war zu dieser Zeit für Privatwagen gesperrt.

In der damals noch zehn Millionen Einwohner zählenden Stadt Teheran herrschte täglich ein heilloses Chaos in den Straßen. Seit langem versuchte die Regierung, die Probleme des Smogs und der Straßenstaus ein wenig zu bändigen, indem sie tagsüber bestimmte Hauptverkehrsstraßen nur für öffentliche Transport- und Verkehrsmittel freigab. Verkehrspolizisten kontrollierten, daß nur Fahrzeuge mit einer Sondererlaubnis tagsüber diese Straßen passierten. Ein ausgeklügeltes System von Bussen, Kleintransportern und zahlreichen öffentlichen und privaten Taxis ermöglichte es, den Bürgern auch ohne Privatauto jederzeit von einem Ort zum anderen zu gelangen. Blechlawinen mit leeren Sitzplätzen gab es nicht in Teheran.

Jamshid und ich saßen im Auto und überlegten, wie wir rechtzeitig bei den Behörden ankommen konnten. Wir waren nun schon eine Woche auf der Jagd nach diesem Ausreisestempel. Die Hälfte der Zeit, die ich geplant hatte im Iran zu verbringen, war schon vorbei und ich hatte noch nicht einmal unsere Familie im Norden besucht.

Jeden Abend rief mich Golnar von Bandar Anzali aus an, wozu sie oft stundenlang auf dem Postamt warten mußte. „Wann kommst du endlich zu uns in den Norden? Die Kinder sind schon ganz ungeduldig."

Da kam Jamshid eine Idee. Die gesperrte Straße führte am Gebäude der deutschen Botschaft vorbei. Jamshid lächelte listig. „Ich weiß jetzt, wie wir rechtzeitig ankommen. Du kennst die Straße. Da unten ist die deutsche Botschaft. Ich werde Dich jetzt an der Verkehrskontrolle als Beamtin der deutschen Botschaft vorstellen und du hältst deinen deutschen Paß hoch. Ich bin dein Fahrer und bin beauftragt, dich sofort hinzubringen."

Kaum hatte er mir seine Pläne erklärt, da wurden wir schon von der Verkehrspolizei angehalten. Jamshid kurbelte seine Scheibe herunter und erzählte die erfundene Geschichte.

Der Verkehrskontrolleur musterte Jamshid mit kritischem, skeptischem Blick und sah dann zu mir herüber. Ich nahm meinen grünen Ausweis aus meiner Handtasche und hielt ihm das Emblem des Bundesadlers vor Augen. Der Reisepaß der Bundesrepublik Deutschland galt als Fahrkarte über die für iranische Privatleute gesperrte Straße.

Als wir mit dieser List noch zeitig bei den Ausländerbehörden ankamen, glaubten Jamshid und ich uns fast schon am Ziel. Triumphierend legten wir unsere Erlaubnis vor.

Wieder gerieten wir an den Beamten, der uns über die Notwendigkeit dieser verhängnisvollen Vollmacht unterrichtet hatte. Wieder zog jener Beamte die Stirn kraus, als er unser Schriftstück in Händen hielt. „Kommen Sie in drei Wochen wieder."

Jamshid und ich ließen uns nicht so leicht von unserem Ziel abbringen. Beharrlich wanderten wir von einem Büro zum anderen, bis wir noch am gleichen Tag den Behördentempel mit einem Ausreisestempel in meinem Paß verließen.

Die restlichen Tage auf dem Land im Kreis der Familie verbrachte ich dafür um so harmonischer und erfüllter. Zum erstenmal sah ich Nasrins Zwillinge und den neugeborenen Sohn von Bahman ältester Schwester.

Gemeinsam mit Golnar besuchte ich auch meinen Schwiegervater. Die Stiefschwiegermutter empfing uns in einem blitzend sauber geputzten Haus mit einem Festtagsessen. Der kleine Farid kam lebhaft juchzend auf meinen Schoß gekrabbelt.

Als ich nachts ohne Bahman alleine auf meiner Schlafmatte lag und das ruhige Atmen und Schnarchen der vielen Kinder in unserer Familie hörte, malte ich mir ein Bild aus, wie unsere gemeinsame Zukunft im Iran aussehen könnte.

Wir wohnten mit einer großen Familie in einem traditionellen Haus aus Holz und Lehm, unter einem Strohdach mit Sonnenkollektoren. Die Tür des Hauses war nie verschlossen. Drinnen war ein gemütlicher Kamin, im Hof ein großer Garten mit all den bunten Blumen, den duftenden Obstbäumen und einem großen Gemüsebeet, daneben ein Hühnerstall, ein Kuhstall, eine Hammelherde, ein paar Pferde und natürlich Reisfelder. An unseren Feldern verdienten die unersättlichen Giftmischer kein Geld. Auf diesen Reisfeldern keimte neues, verbessertes Saatgut.

Dann stelle ich mir vor, mit einem kleinen Geländewagen über das Land zu fahren und die Kranken in ihren Häusern aufzusuchen. So konnte ich sehen, unter welchen Bedingungen sie lebten und versuchte, ihnen ein gesundes Umfeld zu schaffen, eine ganzheitliche Medizin zu praktizieren.

Ein möglicher Weg der Zukunft. Bis dahin hatten Bahman und ich noch viel in Deutschland und im Iran zu lernen. Ob wir uns überhaupt je irgendwo niederlassen konnten?

26
Kein Platz für Bahman

In Deutschland zurück, konnten die in Göttingen lebenden Iraner nicht begreifen, wie ich die Grenze des Iran ohne Vollmacht von meinem Mann überschritten hatte.

Bahman dagegen bekam ständig die Starrheit der Behörden zu spüren. Vor zehn Jahren hatte er einmal ein Visum nach Kanada beantragt. Gewissenhaft legte er dem Beamten alle erforderlichen Unterlagen vor. Dieser fand nichts daran zu beanstanden. „Wissen Sie, es ist Sommer und in Kanada sind in diesem Jahr sehr viele Touristen", erklärte er nach einer Weile. „Dort ist jetzt kein Platz für Sie. Warum versuchen Sie es nicht ein anderes Mal?"

Seit ich mit Bahman zusammenlebte, nahm ich jedoch auch die innereuropäischen Grenzen wahr. Kein Land wollte ihn ohne Probleme einreisen lassen.

Nach dreizehn Jahren beantragte Bahman eine unbefristete Aufenthaltserlaubnis. Zuvor mußte er jedes Jahr zu den Behörden, um sich eine neue Aufenthaltserlaubnis einzuholen. Viele seiner Freunde mußten sogar alle drei Monate zur Ausländerbehörde. „Die Autos bekommen in Deutschland alle für zwei Jahre TÜV. Die Ausländer nicht", meinte Bahman treffenderweise. Bahmans Antrag wurde abgelehnt, da er nach Meinung des Beamten durch seine Englandreisen seinen Aufenthalt in Deutschland unterbrochen hatte und wurde behandelt, als hätte er nie zuvor hier gelebt.

Um die deutsche Staatsbürgerschaft zu erhalten, müßte Bahman die iranische Nationalität abgeben. Das wäre für ihn mit der Verleugnung der eigenen Identität gleichbedeutend.

Als Deutsche nach unserer Heirat zusätzlich die iranische Staatsangehörigkeit anzunehmen, war für mich keine Schwierigkeit, weil die iranischen Behörden eine doppelte Staatsbürgerschaft zulassen.

27
Ferne Krisen

In jenem Sommer waren wir mit unseren Gedanken ganz in den bürokratischen Kleinkrieg verstrickt. Mit diesen Sorgen gingen wir jeden abend ins Bett. Eines Morgens wachten Bahman und ich jedoch mit einem ganz anderen unguten Gefühl auf. Beide hatten wir uns die ganze Nacht über unruhig im Bett hin- und hergewälzt. Es war, als läge eine Spannung in der Luft, noch stärker als bei Vollmond, die unseren Körper nicht zur Ruhe kommen ließ. Bahman schaltete morgens sofort die Frühnachrichten im Fernseher ein. Nach ein paar Minuten kam der erste Bericht: „Iran. Ein schweres Erdbeben zerstörte über Nacht..." Darauf folgten Bilder der malerischen Landschaft aus der Gegend, in der ewig der Sturm wehte. Vor zwei Jahren war es der Krieg und jetzt die Erde selbst, Gewalten die die Menschen unter den Trümmern ihrer eigenen Häuser begruben. Einige Hochhäuser in Rasht, an denen wir oft vorbeigefahren waren, sahen wir am Bildschirm einstürzen wie Kartenhäuser. Alle Telefonleitungen nach Norden waren blokkiert.

Da verstand Bahman, wie ich mich vor zwei Jahren gefühlt hatte. Über unsere Verwandschaft in Teheran versuchten wir, uns über das Befinden unserer Familie im Erdbebengebiet zu erkundigen. Wir zweifelten, ob sie uns die Wahrheit sagten. Vielleicht verschwiegen sie uns die Trauernachrichten, weil wir alleine in Deutschland lebten, genau wie damals beim Tod von Bahmans Mutter.

Noch im gleichen Jahr flogen wir im Herbst in den Iran. Die Bilder aus dem Fernsehen gaben nur einen Ausschnitt des wirklichen Ausmaßes der Verwüstung wieder, die sich vor unseren Augen darbot.

Keinem aus unserer Familie war etwas geschehen, obwohl sie

zum Teil in äußerst baufälligen Häusern lebten. Unsere Stiefschwiegermutter hatte allerdings viele ihrer Angehörigen verloren. Auch viele unserer Freunde und Bekannten waren obdachlos geworden. So manches Haus, in dem wir einmal gegessen und vielleicht auch geschlafen hatten, war beschädigt worden.

Die Kinder schilderten uns jedoch eindrucksvoll, welche Ängste sie ausgestanden hatten. Dennoch ließen sich diese Ängste nicht mit der Furcht vergleichen, die sie während der Bombenangriffe ausgestanden hatten. Die Erdbebenkatastrophe war wie ein Kratzer auf ihren vernarbten Seelen.

Dennoch ging das Leben im Iran inzwischen weiter in seinen gewohnten Traditionen. Die Gelassenheit, die Mentalität ließ die Menschen Ausnahmezustände hinnehmen, sei es in der Politik oder durch die Kräfte der Natur verursacht. Von allen Seiten wurden wir zum Essen und zum Übernachten eingeladen. Wir hätten ein ganzes Jahr im Iran bleiben müssen, um diesen Einladungen zu folgen.

Wir kehrten hingegen nach England zurück. Dort konnte uns niemand aus unserer Familie besuchen, weil die diplomatischen Beziehungen zwischen Briten und Iranern wegen der Affäre mit Salman Rushdie noch immer nicht hinreichend geglättet waren.

Erst im nächsten Jahr sahen wir unsere Familie wieder. Aus der Ferne hatten wir in den englischen Massenmedien die Ereignisse zwischen Ost und West, den Golfkrieg, die Wiedervereinigung Deutschlands, die Ereignisse in der Sowjetunion und Jugoslawien verfolgt.

Im Iran hatten wir den Eindruck, als habe sich die Bevölkerung aus der Politik zurückgezogen. Ehemalige Anhänger der islamischen Revolution distanzierten sich selbst in offenen Gesprächen auf der Straße von der iranischen Regierung, weil sie während dem „Sturm im Golf" sich mit dem befeindeten Nachbarn Irak verbrüdert hatten.

Die Mäntel und Kopftücher der Frauen zeigten neue Farben. Am Ende der Sommerferien mieteten Bahman und ich für eine Woche einen Minibus. Wir fuhren eine Woche lang gemeinsam mit allen Geschwistern und den Kindern am Kaspischen Meer entlang. Viele fuhren zum ersten Mal in ihrem Leben in Urlaub.

Insgesamt zählten wir knapp dreißig Personen, Kinder aller Altersstufen.

Die Strände im Iran waren inzwischen wieder auf den einheimischen Tourismus eingestellt. Mühelos fanden wir täglich gemeinsame Übernachtungsmöglichkeiten für unsere riesige Familie. An den lauen Abenden und während der Busfahrten vergnügten sich die Kinder an verbotenem Gesang und Tanz. Niemand bremste ihre Freude.

28
Kultur haben immer nur wir

Zurück in Deutschland lebten Bahman und ich wieder in Angst vor den Rechtsradikalen und spürten wieder die haßerfüllten Blicke mancher Passanten, wenn sie uns zusammen sahen.

Manchmal wünsche ich mir, daß Menschen gegenseitig ihre Gedanken wie im Spiegelbild einander veranschaulichen können. Ich glaube, dann würden viele deutsche Mitbürger über ihr Spiegelbild erschrecken.

Bahman befand sich in einem Weiterbildungskurs gemeinsam mit Arbeitslosen, DDR-Bürgern und deutschen Aussiedlern aus Polen und der ehemaligen Sowjetunion. Er hatte bemerkt, daß sich viele Kursteilnehmer das überteuerte Kantinenessen nicht leisten konnten. Um sich nicht vor deren Augen den Luxus des warmen Mittagessens zu leisten, brachte sich Bahman genau wie die anderen ein einfaches kaltes Essen von zu Hause mit. Einige deutsche Kursteilnehmer glaubten, daß Bahman sich so ernährte, weil er sich kein Mittagessen leisten konnte.

Sie hatten Mitleid mit Bahman und wollten ihm ein Mittagessen kaufen, damit er nicht immer so einfach zu essen brauchte. Daß Bahman aus Solidarität mit seinen sozial schlechter gestellten Kursteilnehmern das überteuerte Essen boykottierte, darauf wären sie nie gekommen.

Zur Stärkung des eigenen Image tut es oft gut, von den Scheußlichkeiten anderer Kulturen zu hören. Das hebt das Selbstwertgefühl. Manche Leserinnen von Betty Mahmoodys Buch haben mir berichtet, wie froh sie doch waren, nicht in solchen Ländern leben zu müssen.

So beschreibt Betty Mahmoody beispielsweise in ihrem Buch

„Nicht ohne meine Tochter": „Einmal im Jahr nimmt jeder Iraner ein Bad.

Der Anlaß ist Nouruz, das persische Neujahr, ein zwei Wochen dauerndes Fest, zu dem die Frauen auch ihre Häuser putzen."[8]

Nachdem ich selbst gesehen hatte, mit welcher Sorgfalt die Frauen im Iran den Reis zubereiteten, kommt mir auch folgende Geschichte Mahmoodys völlig abstrus vor: Sie beschrieb ein Abendessen mit ihrem Mann Moody im Kreis der iranischen Familie. „Obwohl er auf seiner eigenen Reinlichkeit beharrte, hatte Moody erstaunlicherweise kein Auge für den Schmutz seiner Umgebung, bis ich seine Aufmerksamkeit darauf lenkte. ‚Im Reis sind Käfer', jammerte ich.

‚Das stimmt nicht', sagte er. ‚Du hast dich bloß entschlossen, es hier nicht schön zu finden.' Abends beim Essen rührte ich verstohlen im Reis und sammelte mehrere schwarze Käfer in einer Portion, die ich auf Moodys Teller häufte. Es ist unhöflich, etwas auf dem Teller zu lassen. Und da es ihm unmöglich war, taktlos zu sein, aß Moody die Käfer. Er hatte mich verstanden."[9]

Für mich sind die Eindrücke dieser Amerikanerin bezeichnend, der Schmutz der anderen Kultur, den sie versucht, ihrem eigenen Mann zum Fraß zu geben. Ihr Mann schwieg. Aus Höflichkeit schluckte er die Beleidigungen seiner Ehefrau herunter. Sie hatte ihn nicht verstanden.

Dafür verstand es Betty Mahmoody, die deutschen Leser in dem Gefühl zu bestärken, daß wir diejenigen sind, die die Kultur besitzen und daß die Barbaren immer nur die anderen sind.

---

[8] Betty Mahmoody, Nicht ohne meine Tochter, Bergisch-Gladbach dtsch. Erstausgabe, 1988, S. 213.
[9] ebd. S. 37–38.

Nachwort

Am Ende meines Berichtes bin ich abermals bei diesem Buch von Betty Mahmoody angelangt, dessen Wirkung mich immer wieder verfolgt. Bevor ich anfing, selbst zu schreiben, war es mir, als hätte Betty Mahmoody das Ungeziefer ihres Hasses auf meinen eigenen Teller geladen. Schweigend habe ich dieses Ungeziefer heruntergeschluckt. Lange habe ich geschwiegen, denn ich kann auch Betty Mahmoodys Not verstehen, aus der heraus sie dieses Buch geschrieben hat.

Täglich blicke ich in meinen eigenen Teller und sehe den Schmutz in meinem eigenen Land. Ich kann nicht länger schweigend ertragen, wie dieser Schmutz vor des Nachbarn Tür gekehrt wird.

Einerseits beobachte ich eine Entwicklung der Welt, in der sich die Menschen voneinander trennen und abspalten. Gleichzeitig nehme ich immer mehr Menschen wahr, die eine Harmonie der Gegensätze schaffen. Es gibt Menschen, die ziehen trennende Linien, und Menschen, die ziehen verbindende Kreise. Lange habe ich mit mir gerungen, ob ich unter diesen persönlichen Bericht meinen Namen setzen kann, falls ich ihn tatsächlich der Öffentlichkeit preisgebe.

Die offenen Bücher, die ich bis jetzt in Deutschland von Iranern über den Iran gelesen habe, waren von Menschen geschrieben, die hier im Exil lebten.

Sich frei bewegen zu können zwischen Iran und Deutschland, wurde für mich zu einem wesentlichen Element in diesem Leben. Es wäre schade, wenn ich mir durch diesen offenen Bericht den Weg verriegeln würde. Aber ich glaube nicht, daß der Iran wegen meiner Worte seine Grenzen vor mir dicht macht. Dazu liebe ich den Iran und seine Menschen zu sehr.

Ich halte meine Wange dem Andersdenkenden hin und reiche ihm die Hand. Ich hoffe, daß meine Hand angenommen wird. Dazu bin ich bereit, das Risiko einzugehen, daß mir der Haß ins Gesicht schlägt. Ich wünsche mir, daß dieses Buch verbindende Kreise zieht.

Ich hoffe, daß das Berichten über meine Reisen, das Loslassen der Worte, die ich lange schweigend verschluckt habe, zum Schlüssel wird, der mir die Schätze beider Welten weiter eröffnet.

Die Sprache sollte der Schlüssel
zum Schloß des Schweigens
sein.

An diesem Punkt möchte ich
mit einem schweigenden Lächeln
schließen.

Erfahrungen von Frauen

Saliha Scheinhardt
Drei Zypressen
Erzählungen über türkische Frauen in Deutschland
Band 4080

Gunda Schneider
Noch immer weint das Kind in mir
Eine Geschichte von Mißbrauch, Gewalt und neuer Hoffnung
Mit einem Nachwort von Irene Johns
Band 4097

Barbara Krause
Camille Claudel – Ein Leben in Stein
Roman
Band 4111

Sylvia Curruca
Als Frau im Bauch der Wissenschaft
Was an deutschen Universitäten gespielt wird
Band 4180

Helena Norberg-Hodge
Leben in Ladakh
Mit einem Vorwort des Dalai Lama
Band 4204

Ina und Peter Heine
O ihr Musliminnen ...
Frauen in islamischen Gesellschaften
Band 4217

Marlies Kemptner
Nie wieder Diät
Eine Erfahrung
Band 4226

Gerhild Tieger
Wo die Uhren anders ticken
Geschichten vom Aussteigerleben in Irland
Band 4228

Saliha Scheinhardt
Sie zerrissen die Nacht
Erzählung
Band 4232

Elvira Torni
Der Eierkuchenmond
Tage und Nächte einer Single-Frau
Band 4253

Aglaja Beyes-Corleis
Verirrt
Mein Leben in einer radikalen Politorganisation
Band 4278